Ernst Ehrenfeuchter

Die Annalen von Niederaltaich

ene Quellenuntersuchung

Ernst Ehrenfeuchter

Die Annalen von Niederaltaich
ene Quellenuntersuchung

ISBN/EAN: 9783743483941

Hergestellt in Europa, USA, Kanada, Australien, Japan

Cover: Foto ©ninafisch / pixelio.de

Manufactured and distributed by brebook publishing software (www.brebook.com)

Ernst Ehrenfeuchter

Die Annalen von Niederaltaich

DIE ANNALEN VON NIEDERALTAICH.

EINE QUELLENUNTERSUCHUNG.

INAUGURAL-DISSERTATION

ZUR

ERLANGUNG DER PHILOSOPHISCHEN DOCTORWÜRDE

AN DER

UNIVERSITÄT GÖTTINGEN

VON

ERNST EHRENFEUCHTER

AUS GÖTTINGEN.

GÖTTINGEN,
DRUCK DER UNIVERSITÄTS-BUCHDRUCKEREI VON E. A. HUTH

1870.

Die annalen von Niederaltaich, die so lange unserer kenntniss entzogen waren — nur aus den Berichten anderer schriftsteller konnten wir die ihnen eigenthümlichen nachrichten erkennen — sind jetzt glücklich in einer abschrift aufgefunden, die Aventin im jahre 1507 in diesem kloster nahm cf. hierüber Giesebrecht in der vorrede. Eine beschreibung der handschrift findet sich in der vorrede Giesebrechts zu seiner ausgabe derselben im 20. bande der Monumente [1]). Diese

---

[1]) cf. Ann. Alt. mai. p. VII. ff. (nach der handausgabe, der ich immer folge, wo nicht das gegentheil bemerkt ist). Nach Giesebrechts angaben stehen die annalen in dieser handschrift in folgender ordnung:

f. 7 in calce ann. Alt. 708—712.

7'—8' ann. Alt. 747—818 (quibus Aventinus tum plurimas notas maxime e Fuldensibus annalibus depromptas et inter lineas et in utroque margine adiunxit).

f. 27 ann. Alt. 899—927.

57' ann. Alt. 928—951.

f. 58—65 ann. Alt. 952—1038.

f. 68. 69. Kurze ann. v. 741—1039, die Giesebr. früher für eine grundlage der ausführlicheren annalen hielt, jetzt aber in ihnen mit recht nur einen dürftigen auszug sieht, den Avent. machte, bevor er beabsichtigte, die ann. Alt. auch in ihrem ältern theil abzuschreiben.

69'—71 ann. Alt. 1039—1041.

75' Den raum von 8 zeilen auf f. 75. der Av. hier noch zur verfügung stand, benutzte er um die ann. Alt a. 1041 von den worten: tempore autem praenotatae expeditionis bis: revertuntur. Idem Luitpoldus einzutragen.

76'—79 ann. Alt. 1044—1047. anfg.: frater vero consentire noluit. ende: inde domum conversus.

f. 80—82 ann. Alt. 1041—1044. anfg.: Radasponae regi redeunti. ende: rex dare voluit.

f. 83—103 ann. Alt. 1047—1073. anfg.: praedictam intrat Mantuam ende: in illa regione excreverunt.

Die nahrichten der jahre 702—747 (mit ausnahme der von 708—712) müssen wir in den in demselben codex enthaltenen annales Fuldenses nicht sehr umfangreichen jahrbücher gehören zu den bedeutenderen denkmälern mittelalterlicher geschichtschreibung. Obwohl wir über die in ihnen behandelte zeit im ganzen verhältnissmässig gut unterrichtet sind, bieten sie doch theils manches neue für die angelegenheiten des südöstlichen Deutschlands und der angränzenden länder, besonders auch in bezug auf die italienischen verhältnisse, theils gewähren sie durch die möglichkeit einer vergleichung mit anderweitigen nachrichten der geschichtlichen forschung eine sicherere grundlage. Besonders für die erste zeit Heinrichs IV bis zum jahre 1073 — so weit reichen die annalen — lassen sie durch ihre oft von andern quellen abweichende darstellung vieles in einem andern lichte erscheinen.

Das historische interesse, das sich somit an sie knüpft, wie manche eigenthümlichkeit der composition, die von andern werken der art zum theil noch verschieden ist, lassen eine genauere untersuchung als interessante aufgabe erscheinen.

I.

Wie bei so vielen annalistischen aufzeichnungen ist auch bei diesen der name des verfassers nicht erhalten. In dem werke selbst findet sich keinerlei erwähnung desselben, und die persönlichkeit des verfassers tritt vor den ereignissen durchaus in den hintergrund. Auch andere gleichzeitige oder spätere schriftsteller geben uns keinen aufschluss über ihn; begreiflich, da die wirkung der annalen auf die nächste zeit keineswegs bedeutend war, sie sogar bei deutschen histori-

---

suchen: f. 2. ann. Fuld. 714—739 a librario Aventini descripti, quibus ipse nonnullas notas ex annalibus Altahensibus adiecit. Hierbei vermissen wir die angabe, an welcher stelle des codex die nachrichten der jahre 739—747 sich finden (es sind dies grösstentheils notizen aus bairischen quellen); für die lücke von 813—899 sind wir auf denselben ersatz verwiesen wie oben cf. f. 9—55' ann. Fuld. 814—900: Aventinus qui post ex annalibus Altahensibus notas singulis annis adiecit.

Hieraus ergiebt sich eine gewisse unsicherheit der überlieferung.

kern in unverdiente vergessenheit geriethen [1]). Dass Aventin den abt Wenzel als verfasser nennt, ist blosse hypothese, und als solche auch von Giesebrecht zurückgewiesen [2]), da derselbe bereits im jahre 1068 starb und die jahre 1068— 1073 von demselben verfasser herrühren müssen, der das frühere schrieb.

In enger verbindung mit der frage nach dem verfasser steht die über die composition des ganzen werkes, und erst, wenn wir über sie zu einiger klarheit gekommen sind, wird es möglich sein, über die persönlichkeit des verfassers sich eine etwas sichere meinung zu bilden. Durch die auffindung der annalen selbst ist Giesebrecht zu einer andern ansicht geführt worden, als er sie früher über diesen punkt hegte. Während er in der einleitung zu den fragmenten der annales Altahenses und der geschichte der deutschen kaiserzeit II. 556. 2. aufl. [3]) die annalen als ein werk eines schriftstellers zu betrachten schien — wenigstens findet sich keine andeutung einer entgegengesetzten ansicht — stellt er in der vorrede zu der neuen ausgabe die meinung auf, die annalen zerfielen in zwei ganz verschiedene theile, deren erster bis 1032

---

[1]) Den grund hiervon findet Giesebrecht vornehmlich in der charakteristischen stellung, die der Verfasser zu dem grossen kirchlich-politischen conflict einnimmt, der seit ende des 11. jahrhunderts immer schärfere formen annahm und sich deutlich auch in der historischen litteratur dieser epoche abspiegelt cf. p. XX. insequenti tempore paucissimi erant, qui de imperio et de rebus ecclesiasticis idem sentirent ac monachus noster: quae praecipua causa fuisse videtur, cur opus eius praeclarum diu inter homines vix circumferretur.

[2]) p. XVII. Aventinus quidem in Wenceslav, qui ab anno 1055 monasterium Leonense in diöcesi Brixiana rexit, tum et Altahensibus abbas praefuit (1063—1068) annalistam sibi deprehendisse videtur. Sed coniectura eius quamquam viris doctis quondam probabatur, stare nequit, nisi forte quis totam enarrationem inde ab anno 1068 ab alio scriptore post additam esse demonstrare conatus fuerit; res desperata, nam luce clarius est, unum eundemque scriptorem de Ottone Nordheimensi ad annos 1065, 1068, 1070 agere et haec omnia litteris consignata esse post annum 1070.

[3]) „wir *wissen* nicht, ob die annalen von *einer* hand sind, doch zeigt sich im ganzen eine gleichmässige darstellung."

gehend von dem Hildesheimer Wolfhere herrühret, während der andere von einem mönch in Altaich nach 1073 weiter geführt sei. Als grund für diese behauptung führt er einmal an, dass die verschiedenheit des ersten theils von dem zweiten die annahme desselben autors und der gleichen abfassungszeit unmöglich mache ¹). Dieser etwas allgemein und unbestimmt ausgesprochenen ansicht fügt er noch einiges nähere zur begründung hinzu ²). Das hauptgewicht legt Giesebrecht auf eine nachricht des jahres 1033 vom brande des klosters Altaich, bei welcher gelegenheit der verfasser die dauer seiner existenz angibt, und dabei allerdings um 10 jahre von dem zu anfang der annalen genannten jahre diffe-

---

¹) p. XII. Sed id quoque Oefelius, (Hr. v. Oefele fand die ann. Alt. in dem nachlass seines urgrossvaters, des bekannten herausgebers der Scriptores rer. Boicarum und gab sie in gemeinschaft mit Hrn. prof. Giesebrecht heraus) mox vidit priorem annalium partem a posteriore tam esse diversam, ut totum opus neque ab uno eodemque auctore compositum neque uno eodemque tempore conditum esse possit.

²) cf. p. XVI. Annales nostros iam inde ab anno 1033 non a Wolfherio scriptos esse facile sibi quisque persuadebit. Ille monasterium Altahense anno 741 fundatum esse docuerat, ad annum 1033 annales nostri referunt, tunc monasterium post 302. aedificationis annum incendio consumptum esse; auctor igitur, quisquis fuit, fundationem anno 731 adscripsit, de qua re optime ei cum Herimanno Augiensi, cum Wolfherio minime convenit. Neque amplius nostri annales cum Hildesheimensibus eodem modo, quo ante consentiunt, immo vero in plurimis rebus discrepant. Incendium monasterii Altahensis nostri annales 4. Non. Martii, Hildesheimenses 6. Kal. Martii adscribunt. Mors Emerici, quam Hildesheimenses ad annum 1031 referunt, in nostris annalibus male ad annum 1033 narratur. De Conrado in ducem Carinthanorum promoto in annalibus Hildesheimensibus ad annum 1036 recte agitur, in nostris perperam ad annum 1035. Hildesheimenses annales ad annum 1036 de synodo generali Triburiensi verba faciunt, nostri de generali consilio Saligenstadensi. Rerum a Conrado imperatore annis 1037—1038 gestarum nostri annales multo maiorem copiam habent, quam Hildesheimenses, quibuscum multo minus consentiunt quam cum deperdita illa historia, cuius fragmenta apud Annalistam Saxonem exstant. Persuasum igitur habeo, scriptorem Altahensem continuationem Hildesheimensem, quae inde ab anno 1033 usque ad initium anni 1040 decurrit, haudquaquam inspexisse, sed proprio Marte vetustos annales monasterii produxisse usque ad sua tempora.

rirt. Ferner stimmen unsere annalen nicht mehr so genau
mit den hildesheimer jahrbüchern überein wie vor dem jahre
1033, sondern an vielen stellen zeigt sich eine differenz zwischen beiden. Aus diesen gründen ist Giesebrecht jetzt überzeugt, dass der Altaicher mönch, dem wir den zweiten theil
verdanken, die fortsetzung der annalen von Hildesheim 1033
—1040 nicht gekannt, sondern auf eigne hand das werk
Wolfheres bis zum jahre 1073 fortgesetzt habe.
Als verfasser des ersten theiles bezeichnet Giesebrecht
mit bestimmtheit den Hildesheimer Wolfhere, der die beiden biographien des heil. Godehard schrieb und eine zeitlang in Altaich sich aufhielt. Dass der verfasser ein Hildesheimer geistlicher war, folgert G. aus der nachricht zum
jahre 1007 [1]), die wohl nicht gut einen altaicher mönch zum
verfasser haben kann. Diese nachricht ist aus dem leben
Bernhards von Thangmar c. 43. herübergenommen und in
gleicher weise, oft mit denselben worten erzählt Wolfhere in
der zweiten lebensbeschreibung Godehards diesen vorgang.
Ich glaube, dass man als schreiber dieser stelle einen Hildesheimer geistlichen, vielleicht selbst Wolfhere gelten lassen
kann, ohne damit die abfassung des ganzen ersten theils
demselben zuzuschreiben. Die bezeichnung des bischofs von
Hildesheim als *noster* ist ganz vereinzelt, obwohl, wäre der
erste theil wirklich von einem Hildesheimer verfasst, vielfach gelegenheit zu dieser bezeichnung gewesen wäre. Wahrscheinlicher ist mir, dass diese stelle in vielleicht schon
vorhandene kürzere annalistische aufzeichnungen des klosters
(cf. unten) von einem Hildesheimer eingerückt wurde, der
sich im kloster aufhielt, mochte dies nun Wolfhere sein oder
ein anderer [2]). Es muss ausserdem auffallen, dass wir nir-

---

[1]) 1007. Bernwardus, Hyldenesheimensis episcopus, Gandesheimense
monasterium dedicat et Willigisus archiepiscopus conflictum, quem
hactenus contra Hildesheimenses exercuit impudenter, ibi in praesentia
imperatoris et episcoporum aliorumque principum finit nostroque episcopo in suae abrenuntiationis testimonium episcopalem ferulam tradidit et usque apud nos retinetur.

[2]) Für Wolfhere möchte vielleicht der auffallende ausdruck *impu-*

gends eine positive andeutung der autorschaft Wolfheres finden, weder in seinen eigenen werken noch bei andern schriftstellern, so dass Giesebrecht durchaus keinen beweis für seine ansicht beizubringen im stande gewesen ist ¹).

Um über diese annahme der autorschaft Wolfh. zu einer entscheidung zu kommen, ist es vor allem nothwendig, den ersten theil der annalen mit den lebensbeschreibungen des h. Godehard zu vergleichen. Die erste gestalt derselben ist vor dem tode des bischofs im jahre 1038 und nach dem jahre 1035 (cf. Hüffer, geschichtschr. d. deutsch. vorzeit. XI. jahrh. 2. u. 3. bd. p. XVI, XVII. geg. Pertz) geschrieben und zwar bereits wieder in Hildesheim. Der erste theil der annalen muss nach Giesebrecht frühestens nach 1032 geschrieben sein, ohne zweifel noch in Altaich, also ungefähr zwischen den jahren 1032 und 1035, kurz vor der abfassung der lebensbeschreibung Godehards. Während seines aufenthaltes in Altaich wurde Wolfh. von dem abt Ratmund dringend angegangen, ein leben Godehards zu verfassen, da er an seinem orte lebe, an dem er über denselben bis zu seiner

---

denter passen, da Wolfhere sich an mehreren stellen seiner schriften sehr scharf über das verfahren des erzbischofs in dieser angelegenheit äussert cf. contin. vit. Bernw. SS. IX. 166: über den nachfolger des Willigis, Aribo: Consecrator eius A. archiepiscopus super parochia Gandesheim eum *ut lupus* aggreditur — — — archiepiscopus victus omnium conditione emeruit *ignominiam* suam.

¹) Er spricht sich über Wolfhere so aus (p. XIII.): Wolfherius enim, postquam Hersfeldiae in artium studiis sub Albwino magistro aliquamdiu versatus est, se ad monasterium Altahense contulit, cui Ratmundus Godehardi episcopi nepos tum praefuit. Abbas Saxonem, cuius condiscipulus Hersfeldiae fuerat, benignissime excipit eumque per complures annos in monasterio studiis retentum saepius precibus adiit, ut de vita Godehardi adhuc superstitis librum componeret. Ille diu voluntati abbatis adversatus, tum demum cum Altaha relicta circa annum 1035 ad Hildesheimensem ecclesiam revertisset illam Godehardi vitam, quae prior nunc vocatur, conscribendam suscepit. De his Wolfherius ipse in praefatione operis sui nos certiores facit, neque vero de annalibus, quos Altahae composuerat quidquam prodit, quamquam nullum alium fuisse auctorem eorum nemo non videbit. Man sieht, dass Giesebrecht nichts als das factum des aufenthalts Wolfheres in Alt. für seine Ansicht anzuführen weiss.

erhebung auf den bischöflichen Stuhl von Hildesheim die beste kunde erhalten könne [1]). Schrieb nun Wolfhere vor dieser lebensbeschreibung in Altaich wenn auch nur kurze annalen, so muss man erwarten, dass er diese gelegenheit benutzte, den wunsch des abtes wenigstens theilweise zu befriedigen. In dieser erwartung sehen wir uns jedoch getäuscht. Was wir aus den annalen über Godehard erfahren, beschränkt sich auf abgerissene dürftige notizen derart, wie sie überhaupt von jedem abt des klosters gegeben werden: der übertritt Godehards aus dem stand der kanoniker in den mönchsstand 991; seine wahl zum abt von Altaich 997; zum abt von Hersfeld 1005; seine rückkehr nach Altaich 1012; seine erhebung zum bischof von Hildesheim 1022 [2]). Von seiner thätigkeit in Hildesheim findet sich kein wort (mit ausnahme des streites mit dem erzbischof von Mainz über Gandersheim), obwohl Wolfhere als Hildesheimer hiervon kunde haben musste, und er sonst kein bedenken trägt, auch entfernter liegendes in seine darstellung aufzunehmen. Auch männer, die mit dem bischof Godehard in verbindung gestanden, wie seine lehrer, erzbischof Friedrich von Salzburg (954

---

[1]) Vita pr. SS., XI. 168. Me enim Altaha positum vester familiaris domnus Ratmundus, eiusdem loci abbas venerabilis — — quatenus venerandi et omni studio amplectendi antistitis nostri Godehardi vitam gestaque, quae iam tum plurima trivatim feliciter divulgabantur, plura tamen quae vel adulescentior vel etiam postmodum senior ipse quidem humiliter latitare gestiens laudabiliter exercuit, ignorabantur, stili officio memoriae commendare studuerim, sepius ut ita dicam familiariter rogavit — — maxime, cum eo loci deguerim, ubi sine quavi aberrationis molestia, huiusdem rei facillimam enodacionem ab eis sane, qui eum ab ipso nascendi exordio ad usque praesulatus sui promotionem ut semet semper noverant, ediscere potuerim.

[2]) Alles dies in trockener annalistischer erzählung, ohne irgend ein wärmeres interesse an dem bischof zu verrathen, nur bei seiner wahl in Hildesheim mit beifügung eines lobenden zusatzes.

991. Godehardus diaconus monachus fit.
997. Godehardus abbas fit.
1005. Bernharius abbas obiit, succedit Godehardus abbas.
1012. Godeh. abbas, relicta Hersveldia, remeat ad Altaha.
1022. Bernwardus episcopus obiit, succedit Godehardus abbas Altahensis monachus sanctitate vitae.

—990) und bischof Pilgrim von Passau (970—991) finden in den annalen keinen platz. — Wäre dieser theil der annalen also von Wolfhere verfasst, so würde er den wunsch des abtes Ratmund vollkommen ausser acht gelassen haben, was er bei der dringlichkeit, mit welcher derselbe ihn wiederholt ansprach, kaum hätte wagen dürfen. Auffällig bleibt es ferner, dass Wolfhere in seinen spätern werken nirgends, weder in den vorreden, noch an einer andern stelle merken lässt, dass er bereits annalen des klosters Altaich verfasst habe; es hat vielmehr ganz den anschein, als sei er mit der beschreibung des lebens Godehards zum ersten male an eine grössere schriftliche arbeit herangetreten (die fortsetzung des lebens Bernhards von Thangmar mochte er wohl wegen ihrer kürze nicht in Anschlag bringen). Wiederholt kommt er auf seine jugendlichkeit und seine ungeübtheit in litterarischen arbeiten zurück, indem er sich mit ihnen entschuldigt, dem wunsche abts Ratmund so lange widerstanden zu haben [1]). Zeigen nun auch die annalen wenig kunstfertigkeit in ihrer darstellung, so durfte und konnte ein mann, der an einem solchen werke sich schon versucht hatte, doch mit grösserer zuversicht von einer litterarischen arbeit reden, als es hier Wolfhere thut.

Auch hat Wolfhere in seinen lebensbeschreibungen manche geschichtliche nachricht gegeben, die in den annalen von Altaich nicht hätte fehlen dürfen, wenn der autor sie gekannt, oder nicht vielleicht absichtlich hätte verschweigen wollen. So findet sich gleich zu ende des 1. cap. der vita pr. eine nachricht von der verleihung Altaichs an den erzbischof Friedrich von Salzburg durch Herzog Heinrich von Baiern [2]). Im beginn des 7. cap. erwähnt Wolfhere den

---

1) l. c. quod vero nunc tam vasti aequoris gurgitem procellosae tempestatis inscius sine vestri magisterii aplustra rudis navigator insiliens hunc tam annis quam viribus meis imparem laborem arripui, non ullius fastu id feci jactantiae, sed ut in subsequentibus industria vestra satis perspicere poterit, solius causa, cui refragari nefarium rebar, oboedientiae.

2) SS. XI. p. 170 etc. Praesestim tamen Frithurico Salzburgensi archiepiscopo ita acceptus habebatur (es ist die rede von Godehards

kampf zwischen Heinrich von Baiern und Heinrich von Cärnthen, der aus veranlassung des strebens des herzogs von Baiern nach der königskrone entstand. Zugleich führt er die umwandlung Altaichs in ein mönchskloster auf herzog Heinrich zurück, wovon unser annalist ebenfalls nichts weiss ¹). Warum Wolfhere, wenn er der verfasser des ersten theils der annalen war, die nachricht vom aufstande des herzogs von Baiern weggelassen und sich mit der dürftigen notiz: Otdo, filiolus Otdonis fit rex in die natali Domini begnügen sollte, ist nicht einzusehen, während ein bairischer mönch, aus pietät gegen seinen herzog, wohl diesen aufstand verschweigen mochte. Zu vergleichen ist auch die continuatio vitae Bernw., wo der tod kaisers Heinrichs II. und der regierungsantritt Conrads II. ausführlich und genau dargestellt ist, mit der magern notiz der annalen zum j. 1024; überhaupt sind die ersten jahre Conrads II. von dem Altaicher mit auffallender dürftigkeit erzählt. Wenn auch an wichtigen historischen nachrichten nicht gerade reich, weiss Wolfhere doch aus dieser zeit manches, das auch für die annalen der aufzeichnung werth gewesen wäre, so den königlichen umritt nach der wahl ²), ferner in den nächsten jahren den aufenthaltsort des königs an den hohen festen.

---

vater, Ratmund) ut ab eo, etsi laicus, praefato tamen monasterio, quod ipse quidem a Heinrico duce, scilicet piae memoriae Heinrici imperatoris patre, qui eandem provinciam acsi regali sibi dominatione vendicabat, donativum accepit, praepositus constitueretur.

²) p. 173. Sed iam aliquot annorum evoluto curriculo, cum eundem locum in melius renovari divino placeret arbitrio, scilicet post execrabilem immo miserabilem seditionem, quae fuit inter praedictum ducem Heinricum piae memoriae Heinrici imperatoris patrem et alium Heinricum Carentinorum ducem, Bertholdi ducis filium, de coniuratione, quam ipse Heinricus dux Pawariae contra tercium Ottonem imperatorem adipiscendi regni gratia exercuit, quae hic iam pluriter exerciberetur, ni praecessorum nostri studio in cronicis veraciter haberetur, iam sepe dictus Heinricus divina ammonitione instinctus, ut erat omnium virtutum ornatu praecinctus, idem Altahense coenobium in monachici ordinis meliorationem transferre decrevit, quod et divina opitulante gratia perfecit.

²) SS. XI. p. 186. c. 26. hic regali more provincias regionesque circuiens.

Einen hervorragenden platz in den arbeiten Wolfheres nimmt die erzählung von dem Gandersheimer streit ein, dessen verlauf unter bischof Bernward er der lebensbeschreibung Thangmars hucherzählt und hieran die wiederaufnahme desselben unter Aribo und Godehard knüpft. Der verfasser unserer annalen weiss aber von ihm nur weniges und abgebrochenes zu berichten, von der ersten phase des streites nur die abschliessende entscheidung des jahres 1007, oder vielmehr, wie schon erwähnt, rührt diese angabe nicht einmal von dem verfasser des ganzen werkes her, sondern ist von einem fremden gast eingefügt [1]). Ueber den späteren streit finden wir nur zwei notizen, die synoden von Seligenstadt im jahre 1026 und von Pöhlde 1029 betreffend. Erstere versammlung war keine entscheidende, denn die anwesenden bischöfe wagten nicht ohne grössere betheiligung ihrer amtsbrüder die sache zu ende zu führen, sondern verschoben die angelegenheit und giengen resultatlos auseinander [2]). Die entscheidung wurde erst im folgenden jahre auf dem concil zu Frankfurt getroffen. Wolfhere gibt ein sehr detaillirtes und anschauliches Bild von dieser synode, unser autor kennt sie gar nicht. Auch von der nochmaligen aufnahme des streites in Pöhlde 1029 weiss er nur wenig; dass hier von neuem eine definitive entscheidung getroffen wurde, scheint ihm unbekannt gewesen zu sein. Dazu kommt, dass wenigstens die nachricht zum jahre 1029 aus den Hildesheimer annalen [3]) abgeschrieben ist, obwohl Wolfhere seine kunde

---

[1]) eine andere möglichkeit wäre noch, dass diese stelle dem briefe eines Hildesheimer geistlichen entnommen ist; darauf passt sowohl der ganze ton, als auch insbesondere das nostro episcopo und usque apud nos retinetur.

[2]) Vit. God. pr. c. 30. extr. (episcopi) confratrum absentiam conquerentes, idem negotium usque dum in praesentia regis et episcoporum, qui aberant, hoc eis tractare liceret, suspenderunt, itaque ab eo concilio seniore nostro praedicte parrochiae vestituram retinente, discesserunt.

[3]) Ann. Hild. 1029. Generalis sinodus in Palithi praesidente imperatore cum episcopis 11, in qua iterum Mogontinus archipraesul domnum Godehardum super Gandesheim inquietare cepit. Ann. Alt. Sinodus in

aus unmittelbarerer quelle schöpfen konnte. Die annalen von Hildesheim melden auch von der synode in Frankfurt, und zwar geben sie ebenfalls an, dass hier eine endgültige entscheidung getroffen sei [1]; lag also dem verfasser der streit sehr am herzen, so brauchte er bloss diese nachricht ebenfalls abzuschreiben; dass er es nicht that, zeigt sein geringes interesse an diesen verhandlungen. Der ton, in dem beide nachrichten (1027 und 1029) [2]) gegeben werden, ist ein durchaus unparteiischer, ohne theilnahme für eine der beiden streitenden parteien zu verrathen, und unterscheidet sich hierdurch nicht nur von der art und weise, wie Wolfhere die ereignisse erzählt, sondern ebenso von der nachricht zum jahre 1007.

Geringeren werth möchte ich auf einige chronologische abweichungen legen, da einzelne ungenauigkeiten derart sich leicht einschleichen konnten, obwohl sie immer bei einer so gleichzeitigen abfassung auffallend sind. Wolfhere berichtet am eingange des 8. cap. der vita prior [3]), dass herzog Heinrich von Baiern 7 jahre nach einführung der klösterlichen zucht in Altaich gestorben sei. Da der herzog den 28. august 995 starb, so setzt Wolfhere jene ins jahr 988, während die Ann. Altahenses 990 angeben. In der spätern überarbeitung der vita Godebardi hat Wolfhere diese angabe selbst berichtigt [4]), indem er erzählt, Otto III. habe im

---

Palithi inter praedictos episcopos praesente imperatore de Gandenesheimensi parrochia.

1) Ann. Hild. 1027. Sinodus generalis in Franconovurdi episcoporum 22 praesente Conrado imperatore, in qua Domnus Godehardus diöcesim suam super Gandesheimense territorium canonice retinuit, testimonio 7 episcoporum — (folgen die namen).

2) 1026. Synodus in Seligenstadt inter episcopos Aribonem Mogontinum et Godehardum Hildesheimensem. 1029. Sinodus in Palithi inter praedictos episopos praesente imperatore de Gandeneshemensi parrochia.

3) SS. XI. p. 178. Sed enim septennio post monachicae ibidem institutionis iniciacionem elapso, venerabilis dux Heinricus cuius cura et studio eadem inchoacio accrevit cum totius regni inenarrabili maerore 5. Kal. Sept. obivit.

4) Vita post. c. 5. p. 200. Cuius (Ottonis) quidem laudabilis industriae iniciale fuit indicium, quod septimo suae ordinationis anno saepe

7. jahre seiner regierung, also 990 (die ordinatio des königs fand nach Wolfhere am 25. december 983 statt) in gemeinschaft mit herzog Heinrich die klösterliche zucht wiederhergestellt. Die zeitangabe über den tod des herzogs von Baiern ist unbestimmt: his etiam diebus. Ferner erzählt Wolfhere im 19. cap. seiner vita prior, dass nach bischof Marcward, der im 5. jahre nach seiner weihe starb, Wigbert folgte, der im 4. jahre seiner bischöflichen würde eine kirche weihte, während Hatto, der nachfolger Sunderalds, erzbischof von Mainz war. Wicbert regierte von 880—903, es würde sich also für die einweihung der kirche das jahr 883 ergeben; nach den Ann. Altah. aber wurde Hatto erst 891 erzbischof von Mainz.

Ist Wolfhere auch nicht der verfasser des ersten theils, so wird dadurch die hypothese Giesebrechts von der trennung der annalen in 2 hälften nicht wesentlich erschüttert. Diese muss daher einer besondern prüfung unterzogen werden. Die gründe, die er für seine meinung angeführt hat, sind bereits oben (cf. p. 6.) angegeben. Für durchschlagend aber kann ich sie nicht halten. — Dass im jahre 1033 das gründungsjahr des klosters anders angegeben wird, als im beginn der annalen, würde allerdings bei einem besonders sorgfältigen schriftsteller ins gewicht fallen. Aber, dies praedicat verdient unser autor für diese zeit wenigstens in der that nicht. Ungenauigkeiten und widersprüche finden sich nicht selten, so dass die falsche angabe einer jahreszahl durchaus nicht als ein singulärer fall erscheint und noch weniger genügenden grund abgibt, hier mit einem neuen verfasser einen neuen abschnitt anzunehmen [1]). Dazu kommt — und das ist das

---

dictum Altahense monasterium episcoporum concilio, auxiliante demum duce praefato in pristinum monachicae religionis reformari fecit statum.

[4]) Ich will hier nur einen chronologischen widerspruch erwähnen. Im jahr 1038 berichtet der annalist den tod des königs Stephan von Ungarn, der am 15. august starb. Dann heisst es beim jahre 1041: Stephano demum vita decedente — — nam unius anni tempore tractavit (Petrus) eam (die wittwe Stephans) honorifice, quo peracto spatio destituit illam omni bono — — cum hoc toto triennio passa fuisset etc.; hieraus würde sich das jahr 1042 ergeben.

wichtigste — dass diese angabe beim jahre 1033 nur auf einer reconstruction Giesebrechts beruht, der hier nach Hermann von Reichenau den verdorbenen text restaurirte [1]). Giesebrecht liess sich also durch seine ansicht von dem zweitheiligen charakter der annalen bewegen, eine herstellung nicht aus dem ersten theile, sondern aus einem andern schriftsteller zu unternehmen, den der verfasser wahrscheinlich kannte und benutzte. So hat er erst selbst künstlich einen beweis für seine auffassung geschaffen und bewegt sich in einem cirkel: weil die annalen in zwei theile zerfallen, so muss die nachricht beim jahre 1033 aus Herm. Contr. ergänzt werden — und weil diese nachricht von 1033 nicht mit der von 741, sondern mit Hermann stimmt, so müssen 2 theile der annalen angenommen werden.

Sodann stützt Griesebrecht seine ansicht auf den umstand, dass seit dem jahre 1033 das verhältniss des verfassers zu den hildesheimer jahrbüchern sich geändert habe. Allerdings ist es unzweifelhaft, dass der verfasser hier nicht mehr wesentlich nur aus dieser quelle schöpft, vielmehr treten selbständige nachrichten jetzt in grösserem umfang hervor. Daneben finden sich auch bestimmte abweichungen von den Hildesheimer annalen, wie im jahr 1036 die verschiedenheit in der angabe des orts der reichsversammlung u. a. Diesen abweichungen lässt sich doch manches zu einem andern resultate führende gegenüberstellen. Dass der Altaicher annalist von den Hildesh. annalen in der datierung des klosterbrandes abweicht, ist noch kein beweis, dass er diese quelle überhaupt nicht mehr benutzt habe; er folgte in diesem punkte ohne zweifel der klostertradition, die sich in dem zeitraum von ungefähr 40 jahren, der zwischen diesem ereig-

---

[1]) Dass diese stelle in den ann. Altah. verdorben war, beweist auch die nachricht des auctuarium Ekkeh. a. 1033 post centesimum secundum edificationis suae annum. Giesebrecht bemerkt in der note: CICII. cod. post centesimum secundum e. s. annum auct. Ekk. ad a. 1033. Staindelius numerum omisit, quem in archetypo male expressum fuisse suspicor. Emendandum esse CCCII nota Herm. Aug. ad a. 731 docet.

niss und der wahrscheinlichen abfassung der annalen lag, wohl erhalten konnte, während in Hildesheim ein übrigens nicht sehr bedeutender irrthum leicht möglich war. Eine andere stelle, die Giesebrecht gegen die bekanntschaft des Altaichers mit den ann. Hild. anführt, möchte ich zu dem entgegengesetzten zwecke heranziehn, nemlich die nachricht von dem tode des sohnes königs Stephan von Ungarn, der bei den Hildesh. in übereinstimmung mit den übrigen quellen a. 1031 berichtet wird, in unseren annalen a. 1033. In beiden annalen geht dieser nachricht unmittelbar eine andere vorher, von dem frieden, den könig Heinrich mit Stephan von Ungarn abschloss. Obwohl der altaicher annalist die schliessung dieses vertrages etwas genauer angibt, als die ann. Hild., so ist eine solche ergänzung desselben bei dem verhältniss, das unsere ann. den ungarischen angelegenheiten gegenüber einnehmen, nicht auffallend, die in beiden gleiche bezeichnung des königs Heinrich als rex et dux Bawariae aber durchaus nicht die gewöhnliche ausdrucksweise. Die verschiebung der jahre lässt sich aus der überhaupt geringeren beachtung erklären, die für diese ganze zeit den ann. Hild. zu theil wird; leicht mag sie auch daher entstanden sein, dass die angabe der weihnachtsfeier des königs in beiden jahren dieselbe ist und der annalist dadurch zum abschreiben des falschen jahres verleitet wurde. Ich stelle nun im folgenden die stellen der ann. Altah. 1033—1040 zusammen, die mir aus den ann. Hild. geflossen zu sein scheinen.

Annales Hildesheimenses	Ann. Altahenses
1031. Cunradus imperator natalem Domini Patherbrunnen et pascha Nowimago feriavit. Eodem anno imperatoris filius Heinricus rex et ipse dux Baioariae et Stephanus rex Ungaricus cum iuramento invicem firmaverunt pacem. Et Heinricus Stephani regis filius, dux Ruizorum in	1033. Imperator nativitatem Domini Potherbruno feriavit. Eodem anno Heinricus rex et dux Baioariorum veniens in Ungariam et pace firmata cum rege Ungarorum reversus est in propria. — Filius autem Stephani regis Ungrorum post non multum temporis obiit qui dictus fuerat Heinricus (et

Annales Hildesheimenses.	Annales Altahenses.
venatione ab apro discissus periit flebiliter mortuus. -	est canonizatus: späterer zusatz) ¹).
1034. Misacho Polianorum dux immatura morte interiit et christianitas ibidem a suis prioribus bene inchoata et a se melius roborata, flebiliter, proh dolor! disperiit.	Misaco obiit.
1036. pentecosten vero nativitatemque sancti Johannis imperator Nuimago peregit et ibi filio imperatoris Heinrico regi venit regina Cunihild nomine, quae ibidem in natali apostolorum regalem coronam accepit et mutato nomine in benedictione Cunigunda dicta est.	Deinde rex Heinricus filius imperatoris maritavit Chunigundam Chnut Angli Saxonici regis filiam et in Niumago nuptias fecit.
Aestivo etiam tempore imperator regionem Luitiziorum cum exercitu intravit.	Item expeditio ad Luitizos.
Meinwercus Patherbrunensis episcopus Non. Junii obiit. Cui Rudolfus Herveldiae abbas successit. Sed domnus Meginherus eiusdem loci decanus plurali utilitatis studio imbutus sanctae quidem conversationis monachus Herveldiae primatum eiusdem dignitatis obtinuit. Bruno Merseburgensis	Mortuique sunt episcopi: Meginwercus Podarburnensis, cui successit Rudolfus abbas Herfeldensis, et Brunicho Mersiburgensis, successitque ei Hunoldus, sed et Branthoh Halberstetensis, cui successit Burchardus, Coloniensis etiam Piligrinus et substituitur Hermannus, Sizo quoque Minden-

---

¹) Vielleicht ist die weitere ausführung der Ann. Altah. auch bloss ausschmückender zusatz, wie er sich auch an anderen stellen findet. cf. unt. die jahre 973—984.

Annales Hildesheimenses

praesul Id. Aug. sustollitur, post quem Hunoldus Halberstatensis praepositus subinfertur, Thiedricus de eodem ibi coenobio praeponitur. Sanctae Agrippinensis ecclesiae metropolitanus venerandae memoriae Biligrinus ad omnia in humanis et divinis perstrennus 9. Kal. Sept. ad Christum migravit. In cuius locum nobilissimae indolis iuvenis Herimannus, eiusdem ecclesiae archidiaconus, sed regius capellanus et Cisalpinus cancellarius cum inenarrabili gaudio piorum omnium intravit. Branthochus Halberstatensis pontifex 6. Kal. Sept. discessit, cui Burghardus imperialis cancellarius honorifice successit. Sigeberhtus Mindensium praesul spiritum efflavit 6. Id. Octob. post quem nobilis prosapiae tyro, Bruno nomine, regalis capellanus cum generali congregatione quorumque Christi fidelium idem antisticium coelesti benedictione accepit.

1038. Eo tempore venerandae memoriae sanctus noster pontifex Gotehardus 3. Non. Maii videlicet feria 6. post ascensionem Domini ex hac vita

Annales Altahenses

sis, quem Brun subsecutus est in episcopum.

Praesulis emeriti tunc et flatus Godehardi

Carnem dimisit et coelica regna petivit.

Cui substituitur Thiemo re-

Annales Hildesheimenses	Annales Altahenses
subtractus ad eternum cum Christo perenniter victurus migravit, nobisque miseris immensum maesticium discessu suo contulit. Quem vero ad Deum praecessisse non discredimus; hoc tamen, quod sancta eius ammonitione fructiferaque virtutum praeostentatione praesentialiter privamur, merito semper ingemimus. Qualis namque meriti esset, unusquisque in suo fine cognoscitur, etc. In cujus locum dominus Thietmarus *regius capellanus* successit.	*gius capellanus* in episcopium Hildesheimense.
1039. Pie in Christo venerabilis memoriae domna Sophia 6. Kal. Febr. obiit.	Sophia abbatissa Gandesheimensis moritur.
Imperator Nuvimagon tetendit, ibique — sanctum pascha — consedit — ad celebrandum pentacosten Traiectum venit — sed *sequenti die feria* 2 *hora diei* 6. 2 *Non. Iunii* mense reficiendi gratia assidens, subita defectione praereptus, vixdum confessionis sententia prolata flebiliter exspiravit.	Caesar paschale festum Niumago feriavit, pentecostes oppido Trajectensi, ibique *altera die eiusdem festi* obiit, *pridie Non. Iun.*, Henricum filium relinquens heredem regni.
Chonradus Carentinorum dux patruelis Chonradi imperatoris 13. Kal. Aug. immatura morte regio morbo diu fatigatus discessit. Eodem die venerandae memoriae Rithardus abbas Ful-	Eodem in tempore patruelis et equivocus eius viam totius carnis est ingressus. Rihhardus abbas Fuldensis obiit, cui Sigivardus ipsius monachus succedit.

Annales Hildesheimenses.	Annales Altahenses.
densis obiit, in cujus locum Sigewardus iuvenis ab ipso eo loci in divino servamine regulariter et etiam sapienter enutritus insedit.	
1040. Novus rex noster incarnationem Domini Ratisbone decenter egit et purificationem sanctae Mariae Augustae degens, placitum habuit cum cisalpinis primoribus de rei publicae stabilitate.	Rex Heinricus natale Domini Ratisponae feriavit et inde profectus Augustam venit. Illico devenerunt legati Italorum, expetentes regis iudicia.

Bei einigen stellen gibt Giesebrecht selbst eine ableitung aus den Hildesh. ann. zu, erklärt sie aber für spätere zusätze (1036 die aufzählung der bischöfe und die vermählung Heinrichs). Nach seiner ansicht war in der mitte der 70er jahre die fortsetzung der ann. Hildesh. in Altaich noch nicht bekannt [1]). Diese fortsetzung ist aber im ganzen gleichzeitig mit den ereignissen geschrieben oder wenigstens sehr bald nachher (für ihren verfasser ist mehrfach und auch von Giesebrecht Wolfhere gehalten) und Giesebrecht findet es selbst sehr unwahrscheinlich, dass dieselbe *längere zeit* in Altaich unbekannt geblieben sei. Es ist also kein grund vorhanden zu zweifeln, dass sie bei abfassung unserer annalen in Altaich bekannt gewesen sei, da bereits ein zeitraum von etwa 30 jahren verflossen war.

---

[1]) praef. XVI. Persuasum igitur habeo, scriptorem Altahensem continuationem illam Hildesheimensem, quae inde ab anno 1033 usque ad initium anni 1040 decurrit, haudquaquam inspexisse, sed proprio Marte vetustos annales monasterii produxisse usque ad sua tempora. Si qua ad annum 1036, praesertim de episcopis tunc temporis mortuis, ad verba annalium Hildesheimens. propius accedunt, ea postea addita esse coniiciam. Nam continuationem illam Hildesheimensem monachis Altahensibus, cum arctissima eorum conjunctio cum ecclesia Hildesheimensi satis longum tempus permaneret, *diutius* ignotam fuisse minime crediderim.

Weniger gewicht legt Giesebrecht auf einen dritten punkt, nemlich die verschiedenheit, die zwischen den annalen bis in die 30er jahre herein und dem übrigen theile besteht. Die thatsache ist unbestreitbar, nicht so die daraus gezogenen folgerungen. Verhielte sich die sache in der that, wie Giesebrecht meint, so würden wir hier auffallenderweise eine völlige umkehrung des gewöhnlichen verhältnisses haben. Die ganze regierungszeit Heinrichs II., wie auch die jahre Conrads II., so weit sie noch hierher gehören, sind mit grosser dürftigkeit berichtet; zu mehreren jahren finden wir gar keine angaben (1017, 1019, 1025, 1028), zu andern blosse localnotizen (cf. 1013, 1016, 1021, 1022, 1023), also gerade in den jahren, in denen der verf. zeitgenosse war. Die ganze aufzeichnung wäre dann eine blosse compilation aus quellen, die auch sonst schon dem kloster bekannt waren; die nachrichten über Altaich selbst sind viel zu unbedeutend, als dass man etwa annehmen könnte, es sei wesentlich eine geschichte des klosters beabsichtigt gewesen, mit einer vorausgeschickten übersicht der allgemeinen geschichte. Sehen wir aber diesen theil bloss als einleitenden abschnitt eines einheitlichen ganzen an, so verliert er seinen auffallenden charakter. Denn bei den meisten annalistischen schriftstellern des mittelalters findet sich ein ähnliches verhältniss; für die ältere zeit war man eben auf die werke früherer autoren verwiesen und es blieb nichts übrig als einen mehr oder weniger genauen auszug aus ihnen zu geben.

Gegen eine trennung beim jahre 1033 kommt noch ein anderes in betracht. Schwerlich werden wir — nach Giesebrechts annahmen — die abfassung des ersten theils weit hinter das jahr 1033 setzen dürfen; 1031 stammt zum grossen theil unzweifelhaft aus den ann. Hild. (bei 1032 ist dies weniger sicher). Da nun Wolfhere in Altaich schrieb, so müsste er bereits 1033 ein exemplar der Hild. annalen, das bis 1031 ging, in händen gehabt haben. Diese aber wurden bis 1040 den ereignissen beinah gleichzeitig aufgeschrieben (war Wolfh., wie Giesebrecht meint, ihr verfasser, so wären sie also nach den ann. Alt. geschrieben und das verhältniss zwischen beiden umgekehrt, was aber die grössere ausführlichkeit der annal. Hildesh. unmöglich macht). Unter diesen umständen ist es nichts weniger als wahrscheinlich, dass Wolfhere etwa um das jahr 1033 in Altaich im stande gewesen wäre, diese Hildesheimer aufzeichnungen zu benutzen.

Ausser den negativen gründen, die gegen die theilung der annalen in zwei hälften beim jahre 1033 angegeben sind, führen auch positive gründe zu dem resultat.

Vor allem kommt in betracht, dass wir in beiden theilen mehrfach dieselbe quelle benutzt finden. In beziehung auf die Hildesheimer annalen ist dies bereits gezeigt worden (cf. p. 17 ff.), aber auch ein anderer schriftsteller, der in dem zweiten theil häufiger benutzt ist, hat dem ersten einigen stoff gegeben. Die näheren nachweise über die benutzung Hermanns von Reichenau im zweiten theil werde ich später geben, an dieser stelle beschränke ich mich auf die nachrichten des ersten theils, die aus ihm entnommen sind.

Die erste der hierher gehörigen stellen ist beim jahr 822.

Herm. 821.: Ludovicus imperator regnum inter filios divisit.

Ann. Alt. 822.: Ludovicus imperator regnum dividit inter filios. —

Ferner:

870. *Herm.*: Ludovicus rex — cum fratre regnum Lotharii aequaliter divisit. —

Ann. Alt. Dividitur regnum inter Ludovicum et Karolum. —

Beide nachrichten finden sich in keiner der sonst von unserm autor benutzten quellen, und weisen durch ihren inhalt nicht auf localaufzeichnungen hin, sondern auf eine reichsgeschichte.

995. *Herm.* Heinricus dux Boioariae obiit et filius eius ex Gisela Cuonradi regis Burgundiae filia, ibidem Heinricus imperator postea futurus, *ducatum* interim *obtinuit.*

Ann. Alt. Heinricus dux obiit et filius ejus *ducatum obtinuit.*

Giesebrecht leitet den ersten theil dieser nachricht (den tod des herzogs Heinrich von Baiern) aus den annal. Hildesh. ab, aus denen eine andere nachricht der ann. Alt. zu diesem jahre stammt. Doch unterliegt es keinem zweifel, dass der Altaicher annalist für dasselbe jahr auch mitunter verschiedenen quellen folgt ¹). Allerdings könnte die erwähnung von dem regierungsantritte Heinrichs für einen selbständigen zusatz gelten, wenn nicht die wörtliche überstimmung im ausdruck dagegen spräche; beide schreiben ducatum obtinuit, obgleich eine menge anderer ausdrücke ebenso gebräuchlich ist.

Vielleicht ist auch die nachricht von dem zuge (des königs) gegen Lothringen, ann. Alt. 1011 expeditio iterum in Lutheringos, bei der Giesebrecht die anmerkung macht: de hac expeditione nihil compertum habemus, auf Hermann von Reichenau zurückzuführen; dieser erzählt a. 1011: Theodericus dux partis Lotharingorum sub ipsa pene praesentia regis a Heinrico Baioariae dudum duce et quibus Lotharingis captus et abductus est. Ebenso beim folgenden jahre die nachricht vom tode herzog Hermanns von Schwaben:

1012. *Herm.* Herimannus quoque iunior dux Alemanniae defunctus Ernestum sororis suae Giselae maritum successorem accipit.	*Ann. Alt.* Herimannus dux Alemanniae obiit.

Mit grösserer gewissheit können wir die folgenden notizen auf Hermann zurückführen:

Herm. 1020. Benedictus papa ab imperatore invitatus Babenberg venit ibique ecclesiam sancti Stephani dedicavit.	*Ann. Alt.* Benedictus VIII. papa ab imperatore Babinpere vocatus advenit.
1024. *Herm.* Romae defuncto Benedicto, frater eius Johannes XVIII ex laico papa 148mus ordinatus, sedit annis ferme 9.	*Ann. Alt.* Benedictus papa obiit, frater eius succedit.

Einige notizen, die aus schwäbischen quellen stammen, mögen nicht unmittelbar aus den ann. Alemann. genommen,

---

¹) cf. 1003, 1007, 1012.

sondern durch vermittelung Hermanns von Reichenau, der dieselben wörtlich ausschrieb, in die ann. Altahenses gekommen sein. Da jedoch keinenfalls alle in unsern annalen enthaltenen schwäbischen nachrichten auf Hermann v. Reichenau zurückgehn, so habe ich auch diejenigen, die dies thun, hier bei seite gelassen; die angeführten stellen genügen, die bekanntschaft und benutzung Hermanns für diese jahre festzustellen. Dass derselben so wenige sind, darf keinen anstoss erregen, ein ganz ähnliches verhältniss werden wir später bei der benutzung Thietmars von Merseburg finden.

Ein weiterer grund für die einheit des ganzen werks liegt darin, dass gerade die jahre, wo Giesebrecht die trennung eintreten lässt, eng zusammengehören. Mit dem jahr 1030 beginnt der verfasser seine erzählung der verhältnisse im osten des reichs und führt diese ununterbrochen bis zum jahre 1035, cf. 1032 die verbannung herzog Ulrichs von Böhmen und 1034 seine wiedereinsetzung. Auch in der art der darstellung lässt sich zwischen diesen jahren durchaus kein unterschied erkennen, ein solcher tritt erst mit dem jahre 1037 ein, mit welchem jahre der verf. regelmässig das jahr mit angabe des orts der königlichen weihnachtsfeier beginnt.

Da der erste theil in überwiegendem masse nur eine compilation ist, so ist es sehr schwer, aus einer sprachlichen vergleichung mit dem zweiten theile beweise für die einheit beider anzuführen. Es liessen sich allerdings mannigfache parallelstellen zusammenbringen, doch beschränke ich mich auf einige wenige, ohne überhaupt darauf grosses gewicht zu legen.

Mehrere ausdrücke finden sich in beiden theilen ganz gleichartig: 974: in pertinacia perdurare voluissent, 1038: in pertinacia sua contra ipsum voluit perdurare. 1030: rediit autem de Ungaria sine militia et in nullo proficiens, 1040: ubi plurimis suae militiae perditis rediit sine successu prosperitatis. — 964: quae tamen machinatio ad velle eius honorifice sedatur, 1053: his ad velle dispositis — 974: incentor malorum, 1041: auctor malorum, 1061: caput et causa malorum. — 972: cum communi consilio fratrum electus est, 1055: communi fratrum consensu eligitur — und zwar stehen die entsprechenden ausdrücke im ersten theile bei jahren, in denen der verf. sich wahrscheinlich nicht so eng an seine quelle anschloss, als er dies gewöhnlich that [1]).

Mehrere ausdrücke des ersten theiles lauteten wahrscheinlich nicht so in den quellen des verf. und passen in ihrer schwerfälligkeit und geschraubtheit ganz zu der ausdrucksweise, die mitunter im zweiten theil herrscht [2]).

In widerspruch mit dieser einheit scheinen einige punkte zu stehen, die auf eine frühere niederschreibung von annalen in Altaich deuten. Vor allem kommt hier eine stelle in der vita Godeh. poster. cap. 2 in betracht, verglichen mit einigen nachrichten der Altaicher Annalen.

Vita G. p. c. Igitur septingentesimo quadragesimo primo incarnationis Domini anno, quo Karolus primus, filius Pippini primi. filii Anchisi, filii Arnolfi, ex hac vita demigrans, filiis suis Karlomanno et Pippino regnum reliquit, quo etiam sequenti anno iste *Pippinus Karolum magnum genuit, initium Altahensis monasterii* a sancto Pirminio et Outilone duce Baioarico aliisque Christi cultoribus incep-

Ann. Alt.
741. Monasterium Altah. construitur divo Mauritio.
742. Natus est Karolus magnus.
747. Carlomannus Romam pergens fratri regnum reliquit.
Anspertus ex genere senatorum duxit filiam Lotharii, nomine Blithilt, genuit:
Arnoldum, is genuit Arnolfum, Arnolfus genuit Flodolphum episcopum et Anchisum, is Pippinum.

[1]) Vielleicht kann man auch hier eine stelle des jahres 982 heranziehen: in quo proelio scrinia cum reliquiis sanctorum pro dolor amisit, episcopis, capellanis, *tribunis* et pene omnibus, qui interfuere, comitibus interfectis. Dies tribuni scheint hier von den weltlichen fürsten gebraucht zu sein, und in ähnlicher weise finden sich auch später eigenthümliche bezeichnungen für die fürsten, so wenn sie im jahr 1041 purpurati, a. 1043 satrapae genannt werden.

[2]) 974: et hoc quidem tam infaeliciter fuit disputatum, ut si divina miseratio non provideret, et insuper ingenium Beratholdi non disperderet, pene tota Europa destituta atque deleta esset. a 1037: Mediolanensis episcopus, cum insidiose invitans quasi ad convivium, occulte voluit perdere, sed malitiae suae diffamatus a pessimo incoepto condigne est frustratus.

tum et in religione monachicae institutionis feliciter est perfectum; *ante distributionem episcopiorum, quae decimo post anno in Boiaria* a sancto Bonifacio facta est *ex decreto Zachariae* papae et consensu Pippini regis, *cui ante tunc temporis triennium frater Karlomannus Romae tonsoratus et monachizatus* haereditariam partem regni et proprietatis dimisit, quando *Willibaldo Eichstad, Iohanni Salzburg, Erinberto Frisingin, Gaibaldo Radispona* commendatur et christiana religio ibidem digne Deo corroboratur.

750. Pippinus fit rex. Parochiae Baioariae distinguuntur consentiente Utilone iussu Zachariae, Vivilo episcopus Bathavinus, Iobannes Saltzburg, Gaibalt Ratisbone, Ermbertus Frisingin, Willibaldus Eistat factus.

Wir haben hier also in den ann. Altah. eine verbindung der Hersfelder annalen mit eigenen nachrichten über die gründung von bisthümern in Baiern und einigen genealogischen notizen aus dem karolingischem hause. Nun sehn wir an einer stelle derselben lebensbeschreibung Godehards, dass Wolfhere die annalen von Hersfeld besonders zu näheren zeitbestimmungen benutzte.

Vit. God. post. a.5. SS. XI. p.199..	Von den ableitungen der Hersf. ann. finden sich diese stellen in den ann. Alt. Hild. Lamb.		
	Ann. Altah.	Ann. Hildesh.	Lambert
Anno vero post partum Virginis 983. Ottone imperatore secundo post periculosissimum Calabriae bellum adhuc per orbem terrae clade et infamia notissimum ex hac vita	979. Infidelitas Geronis comitis per Waldonem publicatur, unde ipsi Magadaburc, grave duellum interserentes, ambo procubuerunt. 982. Destructus est episcopatus	979. Infidelitas G. comitis per W. publicata est; unde et ipsi extra civitatem M. in campo iuxta Albiam dimicantes, ab invicem interfecti sunt; et ad ultimum infide-	979. G. comes a W. quodam accusatus, dum eum in singulari certamine occidisset, ipse tamen ab imperatore de collatus est. 982. De-

sublato, et Romae cum summo totius christianismi merore satis honorifice sepulto, certe post inconsideratum Merseburgensis episcopatus destructionem, et post innocentem iuxta vocem populi Geronis comitis necem, praedictus Heinricus etc.

in Merseburg. — Hoc anno pugnavit imperator iuxta mare Sicilicum cum Saracenis et Mauris, in quo proelio scrinia cum reliquis sanctorum, pro dolor, amisit, episcopis, capellanis, tribunis et pene omnibus qui interfuere comitibus interfectis.
983. Otto imperator dissenteria Romae 6. Idus Decembris perit, in templo sancti Petri sepelitur.

litatis reus G. comes decollatus est.
982. Otto imperator pugnavit periculosissime contra Saracenos in Calabrorum finibus, ibique non pauci de optimatibus occubuerunt.
983. Ac non longe post 5. Id. Decembris Otto benignissimus imperator obiit.

structus est episcopatus in Mersiburg. — Eodem anno Otto imperator valde periculosum habuit proelium cum Sarracenis in Calabria.
983. Otto secundus imperator Romam post male gestas res regressus [6. Id. Decembris] obiit, ibidemque sepultus est.

Es ist daher wahrscheinlich, dass auch die oben erwähnte Stelle Wolfheres nicht so in damaligen aufzeichnungen von Altaich stand, sondern dass Wolfh. hier die Hersfelder annalen mit nachrichten aus Altaich verband. Sehr zu bedauern ist, dass Aventin nicht genau den vollständigen text der annalen abschrieb, sondern einzelnes ausliess. Denn da Wolfhere einiges mehr hat, als die Altaicher annalen jetzt zeigen, so wäre es sehr wünschenswerth, den text unserer annalen genau zu kennen. Auch Staindel lässt uns hier theilweise im stich. Die genauere angabe über die gründung des klosters scheint allerdings in den ann. Altah. gestanden zu haben, denn auch Staindel hat sie [1]). Die nachricht von der stiftung der bairischen bisthümer findet sich dagegen bei ihm nicht, und somit tritt eine gewisse unsicherheit ein, ob diese stelle wirklich in den ann. Altah. wie sie Aventin vorlagen,

---

[1]) cf. Oefele, scr. rer. Boic. I. p. 425 Monasterium Altahen inferioris, consilio S. Pimini episcopi Mettensis et adjutorio ducis Utilonis fundatum est S. Mauritio sub monachica professione.

sich fand, da Wolfhere sowohl den zusatz hat ex sancto Bonifacio archiepiscopo, als auch statt consentiente Utilone, ex consensu Pippini regis. Durchaus unwahrscheinlich aber ist es, das die bemerkung Karolus primus — ex hac luce demigrans, filiis suis Karlomano et Pippino regnum reliquit in den ann. Altah. gestanden habe. Staindel, der dieselben zu diesem jahre ausschreibt, berichtet dies factum entschieden aus anderer quelle, dagegen findet es sich in den annalen von Hersfeld.

Staindel 741.	Ann. Quedl 741.	Ann. Weissenb. 741.	Lambert 741.
Karolus filius Pippini Maior domus et bellicosissimus dux Francorum obiit anno regni sui XXVII, Carisiaci et apud S. Dionysium sepelitur — — Karolus rex filios reliquit Pippinum, Karolomannum et Grifonem, quorum Grifo etc.	Carolus moritur, filius Pippini; postquem Carolomannus et Pippinus filii eius regnaverunt.	Carolus moritnr 24º regni sui anno, post quem Karlmannus et Pippinus filii ejus annis 6 regnaverunt.	Carolus obiit maior domus regni Francorum, cui successerunt Karlmannus et Pippinus filii eius.

Hiermit stimmt was wir weiter von den älteren altaicher aufzeichnungen schliessen können. Es finden sich nämlich bei Lambert einige stellen, wo dessen nachrichten nicht mit den anderen ableitungen der ann. Hersf. stimmen, sondern nur mit denen unseres klosters. Einige derselben können ohne zweifel auf sie zurückgeführt werden, so 741, wo die stiftung Altaichs erwähnt wird, 742 die geburt Carls des grossen, 981 eine unrichtige angabe der weihnachtsfeier des königs, während die ann. Hild. das richtige haben, und die notizen über Godehard (doch war ihm auch die arbeit Wolfheres bekannt, wie aus seiner ausführlicheren erwähnung des einsiedlers Günther hervorgeht). Ausserdem hat Lambert noch zu mehreren jahren bemerkungen, die nur bei dem Altaicher sich finden [1]), doch sind dies meistens klosternotizen aus Fulda und Hersfeld, und es ist wahrscheinlich, dass sie den annalen von Hersfeld angehören und nur in diesen beiden ableitungen derselben erhalten sind (ganz deutlich ist dies zum beispiel beim jahr 918: Cuonradus rex fuit in Herolfesfelde). Dass Lambert das ganze werk der ann. Altah. wie es uns jetzt vorliegt, gekannt, ist nicht glaublich; diese wurden fast gleichzeitig mit jenem abgefasst; auch lässt sich kein bestimmtes beispiel einer benutzung in den jahren, wo der Altaicher annalist ausführlicher wird, beibringen, während doch die fülle seiner originalen nachrichten ein schätzbares hülfsmittel für Lambert gewesen wäre [2]).

Seit dem ende des 10. jahrhunderts und anfang des 11. besteht bei einigen jahren zwischen den ann. Altah. und den ann. Hildesh. ein eigenthümliches verhältniss, das auf die vermuthung führen könnte, die ann. Hildesh. verdankten ihre nachrichten Altaicher quellen. Vor allem kommen hier die jahre 994 und 998 in betracht.

994. *Ann. Alt.* Sanctus Wolfkangus episcopus obiit, cui Gebehardus successit. Filii Henrici comitis, Henricus, Udo, Sigefridus, contra pyratas navali proelio pugnabant, ex quibus Udo interfectus, alii duo capti, Henricus autem, filio et militibus obsidibus datis, pro colligenda pecunia, qua redimerentur, dimittitur. Sigefridus vero clam nocte aufugit, unde illi irati obsides truncatos reiecerunt.

Ann. Hild. Filii Henrici comitis, Henricus, Udo, Sigefridus, contra pyratas iussu imperatoris dimicantes. Ex quibus [unus occisus, duo sunt capti].

---

[1]) 779, 791, 798, 825, 852, 875, 918.
[2]) über das verhältniss zwischen dem bericht beider über die pilgerfahrt nach Jerusalem a. 1065 vgl. unten.

cf. Lamb. 994. Wolfg. Ratisponensis episcopus obiit, cui G. successit. Filii H. comitis, H. U. S. contra piratas pugnant, quorum unus occisus, duo sunt capti.

Die nachrichten der ann. Altah. sind allerdings ausführlicher, so dass sie auf keinen fall gänzlich den Hildesheimer annalen entnommen sein können. Doch ist auffallend, dass diese, wenn sie aus aufzeichnungen von Altaich schöpften, sie so ungenau wiedergaben, vor allem statt des namens des getödteten bloss unus setzten, auch nur die eine hälfte der nachricht ausschrieben. Die ann. Alt. gebn hier deutlich auf die chronik Thietmars von Merseburg zurück, von deren benutzung sich auch an andern stellen vereinzelte spuren finden und ergänzten die ihnen vorliegenden Hildesh. ann. durch die ausführlichere erzählung Thietmars [1]).

Die zweite stelle die hier in betracht kommt, ist die über eine frau, die 5 kinder gebärt.

Ann. Ottenb. Mulier quaedam uno partu quinque filios enixa est.	*Ann. Alt.* 998. Mulier in Altahensi familia monasterii enixa est simul quinque filios.	*Ann. Hild.* Eodem anno quaedam mulier in Baioaria in uno partu 5 filios enixa est.

Das nähere verhältniss dieser stellen zueinander würde allerdings auf die Altaicher aufzeichnung als die älteste unter ihnen führen. Erwägt man aber die gleichzeitige abfas-

---

1) Thietm. (IV. 16. SS. III. 774) Henricus, Udo et Sigefridus cum Etlegero et caeteris compluribus piratis sua populantibus 9. Kal. Iulii navibus occurrunt, factoque invicem certamine, Udo decollatus, Heinricus autem cum fratre suimet Sigefrido et comite Elergero devictus, dictu miserabile, a pessimis hominum captus deducitur. — — — Exsecrata vero piratarum turba cum maximam pecuniae collectae partem immenso suimet pondere perciperent, Heinrici vice filium eius unicum Sigefridum nomine — — succipientes, ut, quod de promisso eis thesauro adhuc remansit, eo velocius colligeretur, eos abire Sigefrido solum remanente permisit. — — Et in ipsa die Sigefridus de pervigili hostium custodia, qua multum vulneratus detinebatur, sic divino evasit auxilio. — — Tali furore omnes succensi crastino clericum et nepotem meum cum caeteris obsidibus universis naribus et auribus et manibus obtruncant, foris eos proiicientes in portum.

sungszeit der annal. H. so werden sich bedenken gegen diese auffassung geltend machen. Hierüber spricht sich Waitz in der recension von Giesebrechts „ann. Altahenses, eine quellenschrift" etc. [1]) so aus: „das autographon der Hildesheimer annalen ist seit dem jahre 993 von verschiedenen händen gleichzeitig fortgeführt; ungefähr von dem jahre an, wo die verwandtschaft mit den älteren Hersfelder jahrbüchern aufhört, beginnen andere schreiber und fügen von jahr zu jahr die geschichte ihrer zeit hinzu. Was sie über Altaich erzählen (zu einzelnen jahren von 998—1033) können sie also nicht aus annalen, die wenigstens bis zu dem letzt genannten jahre hinabgehn müssten, entlehnen, ebenso wenig werden sie alljährlich die fortsetzung der in jenem kloster etwa gleichzeitig gemachten aufzeichnungen erhalten haben, sondern man erfuhr in Hildesheim zu Godehards zeiten durch die enge verbindung, in der man mit jenem kloster stand, leicht, was sich dort und in der gegend merkwürdiges ereignete, und trug es in seine jahrbücher ein. Später kamen diese nach Altaich, und wurden hier für ein ähnliches werk benutzt; manches auch für das eigene kloster entnahm man vielleicht aus dieser quelle, anderes wusste man genauer und fügte dies hinzu. So sind zu 998 die worte der A. Hildesh. über die frau, die 5 kinder gebar, beibehalten, aber da man im kloster wusste, dass es hier geschehen sei, so liess man das nicht unbemerkt."

Wenn wir ältere altaicher annalen als quellen der Hildesheimer annehmen, so würde sich folgendes verhältniss ergeben. Zuerst hätten wir kurze annalen von Altaich, diese wurden in Hildesheim bei dortigen aufzeichnungen benutzt, und diese bildeten dann wieder ende des 11. jahrhunderts die grundlage neuer aufzeichnungen in Altaich. Dies verhältniss hat etwas künstliches und da ausser den beiden erwähnten stellen nichts für sie spricht, vielmehr die überwiegende mehrzahl der nachrichten unserer annalen in dieser zeit ohne zweifel auf Hildesheimer quellen hinweist, so halte ich die annahme einer derartigen verwendung älterer annalen für unberechtigt.

---

[1]) Götting. gel. anzeig. 39. 40. st. d. 10. märz 1842 p. 391.

Die hohe wahrscheinlichkeit älterer Altaicher aufzeichnungen ist freilich anzuerkennen, gestützt auf die angeführte stelle bei Wolfhere und die erwähnten notizen bei Lambert. So viel wir urtheilen können, waren sie jedoch nur unbedeutend, und enthielten vorzugsweise localnachrichten. Wann sie aufgezeichnet sind, ist ungewiss, vielleicht mochte die restauration des klosters den anlass dazu geben, da nach dieser zeit die nachrichten etwas zahlreicher werden. Doch scheinen sie längere zeit fortgesetzt, bis über die mitte des 11. jahrh. Denn einzelne nachrichten bis zu ende der 50er jahre möchte ich ihnen zuweisen, vorzugsweise naturereignisse mit genauer angabe des datums, wie sie wohl kaum im gedächtniss hafteten. Dafür spricht auch, dass mit den 60er jahren derartige nachrichten seltener werden, während doch, wenn sie aus dem gedächtniss oder aus mündlicher tradition mitgetheilt wurden, beides jetzt in stärkerer kraft vorhanden gewesen wäre. Etwa folgende nachrichten können demnach diesen älteren annalen vindicirt werden:

741. Monasterium Altah construitur divo Mauritio.
742. Natus est Karolus magnus.
750. Parochiae Baioariae distinguuntur consentiente Utilone iussu Zachariae, Vivilo episcopus Bathavinus, Iohannes Saltzburg, Gaibalt Ratisbone, Ermbertus Frisingin, Willibaldus Eistat factus [1]).
819. Scriptus liber miss.

---

[1]) Ob diese stelle auf vit. Bon. auct. Willib. zurückgeht c. 7. wie Giesebrecht meint, ist zweifelhaft, dafür spricht die übereinstimmende angabe über herzog Utilo, dagegen, dass in der vita Bonif. ausdrücklich von einer viertheilung die rede ist, hier aber 5 genannt werden; auf jeden fall also ist sie nicht *allein* aus dem leben des Bonifac. geflossen. cf. v. Bon. 1. c. provinciam Baywariorum Odilone duce consentiente in quatuor divisit parrochias quatuorque his praesidere fecit episcopos, quos ordinatione scilicet facta, in episcopatus gradum sublevavit. Quorum primus nomine Iohannes ecclesiae in oppido quod dicitur Salzburg episcopatus cathedram suscepit; secundus Ermbertus qui Frisingensi ecclesiae superspeculatoris tenuit principatum, tertius Gaibald, qui ecclesiae civitatis Reginae pastorale excubitoris subiit magisterium, quartus Vivilo, qui super Pataviensem ecclesiam sacrae indagationis obtinuit dignitatem.

836. Ludovicus imperator cum exercitu ad Leho contra filium Ludovicum.
944. Albwinus presbyter monachus religiosus vir obiit 13. Kal. Aprilis ¹).
975. Boemanni familiam sancti Mauricii occiderunt.
981. Imperator natale Christi Romae celebravit.
989. Henricus dux Karintanorum obiit.
990. Erchanpertus fit abbas. Regularis vita in Altahensi monasterio restauratur.
991. Gotehardus diaconus monachus fit.
995. Maiolus abbas obiit.
997. Gotehardus abbas fit.
1007. Bernwardus Hyldenesheimensis episcopus Gandesheimense monasterium dedicat et Willigisus archiepiscopus conflictum, quem hactenus contra Hildenesheimenses exercuit impudenter, ibi in praesentia imperatoris et episcoporum aliorumque principum finit, nostroqne episcopo in suae abrenunciationis testimonium episcopalem ferulam tradidit, et usque apud nos retinetur.
1020. In multis terrarum locis multa et magna incendia.
1021. quasi duo soles visi 10. Kal. Iulii.
1023. Ecclypsis lunae ter illo uno anno, ecclypsis solis post natale Domini hora decima diei.
1026. Wolframmus abbas subito obiit.
1027. Ratmundus abbas fit Altahensis.
1031. Hoc anno in Premun facta est medio die et claro inter sollemnia missarum tenebrosa calligo et fluvius fundotenus divisus.
1032. Mons quidem in pago Salzpurgensi, ultra spatium quinque stadiorum decidens, casu suo inter terminos lites compescuit.
1033. Ventus cum turbine multa stravit aedificia, naves multae submersae sunt, nonnulli periere fulmine. Monasterium Altahense post 302. edificationis suae annum 4. Non. Martii cum caeteris edificiis consumitur.

---

¹) Wer dieser Albwin gewesen, habe ich nicht erfahren können; in den sonstigen quellen wird er, so viel ich sehe, nicht erwähnt; vielleicht war er ein mönch in Altaich.

1035. Inaudita mortalitas animalium et defectio apium omnem Baioariam multum afflixit.

1036. Hiems acerba et nimis longa, in qua etiam multitudo arborum arefacta est, et in quibusdam locis exinanicio frugum.

1039. Aestas calore validissima et maxima fuit frugum abundantia. Eclipsis solis facta est 11. Kal. Septembris.

1040. Tunc etiam vini exiguum et factum est acerrimum.

1044. Eclypsis lunae 4. Non. Novembres, solis 10. Kal. Dec.

1048. Modicum vini. plaga crudelis in homines grassata; mures enim consumpsere fruges terrae. Terrae motus 4. Idus Octobres.

1052. Non modica penuria frugum, vini modicum et acerrimum.

1059. Hoc anno frumenti et vini satis abundans copia in Baioaria fuit, sed gravis pestilentia hominum animaliumque per totam provinciam grassabatur.

II.

Die hauptquelle der Altaicher annalen bilden die jahrbücher des klosters Hersfeld. Die bedeutung dieses klosters machte die dortigen aufzeichnungen zu einer grundlage, an die sich zahlreiche arbeiten derart in andern klöstern anschlossen. Altaich trat in nähere verbindung mit Hersfeld, als dem abt Godehard das verwilderte kloster von Heinrich II. im jahre 1005 übergeben wurde [1]). Während seines dortigen aufenthalts, der bis zum jahre 1012 dauerte, mochte sich Godehard nun leicht ein exemplar der Hersfelder annalen verschafft haben. Denn dass der verfasser unserer annalen nicht bloss eine der zahlreichen ableitungen der ann. Hersf. vor sich hatte, hat schon Giesebrecht in der restaurirung der ann. Alt. gezeigt [2]).

---

[1]) Wolfh. vit. Godeh. pr. c. 13. SS. XI. p. 177.
[2]) Annales Altahenses, eine quellenschrift etc. p. 29.

Wie Waitz [1] nachgewiesen hat, gieng aus den Hersfelder annalen noch ein zweites exemplar hervor, das fast ganz vollständig, aber mitunter in kürzerer fassung, das original wiedergab, an dies zweite exemplar schlossen sich nun die annalen von Weissenburg und die des Lambert, während das original als quelle für die Hildesheimer und Quedlinburger annalen diente [2]. Dies verhältniss wird durch die seitdem aufgefundenen ableitungen der Hersfeld. annalen, die ann. Ottenburani und Altahenses durchaus bestätigt. Denn wie jene sich eng an die den Weissenb. und Lamb. vorliegende quelle anschlossen, so diese an die den Hildesh. u. Quedl. ann. zu grunde liegende [3].

---

[1] archiv f. ält. deutsch. geschichtskunde VI. p. 603 ff.

[2] Das resultat dieser untersuchung ist weiter folgendes: bis zum jahre 973 bleibt die übereinstimmung unter den 4 annalen sich fast durchaus gleich, von hier an zeigen wohl noch Weissenburger und Lambert, die sich bisher schon am nächsten standen, eine verwandschaft, beide mit den Hild. u. Quedl. durchaus keine, wogegen diese auch hier regelmässig zusammentreffen. Dies zweite exemplar wurde bis 984, wo die ähnlichkeit auch zwischen Weissenburger und Lambert aufhört, fortgesetzt. Das original erhielt eine fortsetzung bis 990 [wohl besser bis 993] und wurde in dieser gestalt von den Hildesh. und Quedlinburg ausgeschrieben.

Ann. Hersfeld. — 973	contin. — 990
ann. brev. contin. — 984	
ann. Weissenb. Lambert	ann. Hild. Quedl.

[3] Ich führe hier nur 3 stellen an, die dies verhältniss klar machen. a. 841, 869, 958. Die wichtigsten jahre, die hierfür in betracht kommen, sind folgende: 841, 843, 844, 845, 848, 859, 862, 869, 873, 887, 896, 905, 907, 911, 951, 953, 954, 955, 958, 964.

Annales Hildesheimenses	Ann. Quedlinburgenses.	Ann. Altahenses.	Ann. Ottenburani.	Ann. Weissenburgenses.	Lambert.
841. regni vero Ludovici iunioris 2. Adalbertus comes occisus est; et infelix bellum Lothari contra fratres suos Ludovicum et Karolum.	Adalbertus comes occisus est; et infelix bellum Lotharii contra fratres suos Ludovicum et Ka-Ludovicum.	Adalpertus comes occisus. Inlat contra fratres suos Ludovicum et Karolum.	Lotharius bellavit contra fratres suos Ludovicum et Karolum.	Lotharius bellavit contra fratres suos Ludovicum et Karolum, in quo proelio pene ad internitionem deleti sunt Franci, et Lutharius victus est; ubi et Adalbertus comes occisus est.	Lutharius bellavit contra fratres suos Ludovicum et Karolum, et Adalbertus comes occisus est.
869. Lutheri rex a Benevento reversus, quo ob fratris sui discordiam L. perrexit, Romam venit, ibique ab Adriano papa damnatus cum suis domum rediens cum pene omnibus periit.	L. rex a B. reversus, quo ob fratris sui discordiam L. perrexit, ibique ab A. papa damnatus ab A. papa damnatus domum rediens cum suis omnibus periit. Tiedo abbas Fuldae deponitur,	L. a B. reversus, ob fratris L. discordiam istuc profectus, R. venit, ibique ab A. diret, pene cum omnibus suis pene riit.	Lotharius rex Romae ab A. papa damnatus est, ibique ab A. cum domum rediret, pene cum omnibus suis perit. Eodem anno Th. abbas Fuld. deponitur et J. elec-	L. rex a B. reversus R. venit, ibique ab A. dampnatus domum rediens, pene cum omnibus suis periit. Eodem anno Th. abbas F. deposi-tus et S. elec-	L. rex a B. reversus R. venit, ibique ab A. dampnatus est. Qui domum rediens, pene cum omnibus suis periit.

Annales Hildesheimenses.	Ann. Quedlinburgenses.	Ann. Altahenses.	Ann. Ottenburani.	Ann. Weissenburgenses. Lambert.
suis pene omnibus periit. Et eodem anno Thiedo abba Fuldensis monasterii depositus, et vir venerabilis et religiosus Sigehart electus est.		succedit Sigihart.	tus est valde religiosus.	tus, vir religionis.
958. Signum crucis in vestimentis hominum apparuit, illis, qui derisui illud habebant, mortem inferens, illis autem, qui pie et religiose illud venerabant, nihil mali intulit.	Signum crucis in vestimentis hominum apparuit, illis, qui derisui illud habebant, mortem inferens, illis autem, qui pie et religiose illud venerabantur, nihil mali intulit.	Signum crucis in vestimentis hominum apparuit, illis, qui derisui illud habebant, mortem inferens, aliis autem pie et religiose illud venerantibus nihil mali intulit.	Signum crucis in vestimentis apparuit.	Signum crucis in vestimentis apparuit.

Alles dies aber gilt erst von dem jahre 815 an, mit welchem die annales Hildesheim. ebenfalls auf Hersfelder jahrbücher zurückgehn. Bis zu dieser zeit werden wir die genauste wiedergabe der Hersfelder annalen in den annalen Weissenb. und Lambert sehn, mit denen unsere annalen durchaus stimmen, während die Quedlinburger häufig zusätze enthalten, vorzugsweise aus den jahrbüchern Einhards.

Ann. Altah.	Ann. Weissenburg.	Lambert.	Ann. Quedlinb.
723. Duo Drogonis filii ligati, unus obiit, Carlus infirmatur.	Duo filii Drugonis ligati et Karlus infirmatur.	Karolus infirmatur.	fehlt
782. Comites Caroli a Saxonibus occisi Suntdal.	Karoli comites occisi sunt a Saxonibus, in loco qui dicitur S.	Karoli comites occisi sunt a Sax. in loco qui dicitur S.	Widekind cum Saxonibus quatuor praefectos Caroli totumque eius paucis evadentibus, exercitum in loco qui dicitur S. interfecit.
799. Leo papa truncatus lingua, caecatus, videns loquens venit ad Carolum in Saxonia Heristeile.	Leo papa lingua truncata — ad Karolum in S. venit ad locum qui dic. Heristelli.	Leo papa, lingua truncata — ad K. in Franciam venit ad locum qui dctr. Heristelli.	Leo papa lingua truncata et caecatus a Romanis et de pontificatu eiectus, videns et loquens venit ad Carolum in S. in locum qui vocatur Podarbrunnnun.
801. Amarmurmulus rex Persarum elephantum mittit.	Amarmurmulus rex Persarum elefantum unum misit cum aliis muneribus Karolo.	Amarm. rex P. elefantem unum misit cum aliis muneribus K.	Aaron rex Pers. Ierosolymam subdidit Carolo et misit ei elefantum unum.

Dass die ann. Altahenses bei einzelnen jahren nur mit den ann. Quedlinburg. stimmen, Lambert und die Weissenbg. die betreffende nachricht entweder gar nicht haben, oder abgekürzt [1]), beweist nichts dagegen; in diesen jahren hatten eben die Quedlinburg. die ursprüngliche quelle treuer wiedergegeben als die Weissenburg. ann. und Lambert. Die ältern Hersfelder annalen dienten bis zum jahre 993 als hauptquelle; sie wurden in der regel wörtlich abgeschrieben, nur in der form hie und da gekürzt. Besonders erwünscht ist es, dass die ausführlichere darstellung der regierung Ottos II., die sich in den andern ableitungen nur in bruchstücken erhalten hat, hier wie es scheint vollständig wiedergegeben ist. Ueber den ursprung des grössten theils dieser nachrichten aus den ann. Hersf. kann kein zweifel sein; schon in seiner herausgabe der fragmente hat dies Giesebrecht erkannt und bewiesen. Aber nichts desto weniger werden wir bedenken tragen, die ganze erzählung der Altaicher ann. auf die Hersf. ann. zurückzuführen. Sowohl andere quellen scheinen benutzt — die erwähnung der verhältnisse Lothringens findet sich durchgehends bei keiner andern ableitung — als der phantasie des schriftstellers ein etwas weiterer spielraum gelassen zu sein, wozu ihn wohl die grössere fülle seines stoffes führen mochte. Eine genauere untersuchung der einzelnen jahre wird diese ansicht bestätigen:

970. Der tod Eigolfs von Hersfeld und die nachfolge Gozberts findet sich auch in den übrigen ableitungen der Hersf. ann., aber kürzer; doch wird man nicht behaupten können, dass hier der Alt. ann. nur ausgeschmückt hätte, da der tod von 9 andern mönchen von Hersfeld nur bei ihm erwähnt wird, die ann. Hersf. also ausführlicher waren, als uns die andern ableitungen erkennen lassen.

---

[1]) cf. 747. *Ann. Alt.* Carlom. R. pergens, fratri regnum reliquit. *ann. Quedl.* C. R. pergens tonsoratur, fratri regnum relinquens. *Lamb.* Karlom. R. monachus factus est.
783. *Ann. Alt.* Carolus contra Saxones in Thietmelli. *ann. Quedl.* Carolus pugnavit contra Saxones in Thietmelli. Bei Lamb. u. ann. Weiss. fehlt diese nachricht.

971. Auch hier haben wir in unsern annalen nur eine vollständigere ableitung der ann. Hersf. zu sehen.

972. Manches scheint bloss eine ausschmückung unseres verf. zu sein; der schwülstige ton, in dem die vermählung Ottos erzählt wird, erinnert auffällig an die ausdrucksweise des verf. in dem späteren theile der annalen.

973. Der grössere theil der in diesem jahr erwähnten begebenheiten stammt aus den ann. Hersf.: die genauere detaillirung, die wir hier finden, lässt sich nicht wohl als eigener freier zusatz des verf. auffassen, findet sich auch nicht in andern quellen. Die erwähnung eines ereignisses aus Lothringen dagegen werden wir nicht aus den ann. Hersf. hergeleitet ansehn dürfen, da noch öfters begebenheiten aus dieser gegend singulär in diesen jahren bei unserm annalisten erscheinen, und es zu auffallend wäre, dass alle anderen ableitungen consequent diese ereignisse unerwähnt gelassen hätten.

974. In betreff des aufstandes der söhne Reginars gilt hier dasselbe, doch wurde die thatsache selbst in den ann. Hersf. erzählt, wie sich aus den ann. Weissenb. ergibt, und nur die erwähnung Reginars und Lantperts ist userm verf. aus einer andern quelle eigenthümlich, ohne dass ich angeben könnte, welche dies gewesen.

Den aufstand herzog Heinrichs von Baiern und seiner verbündeten entnahm der verf. ohne zweifel den ann. Hersf., denn wir finden hier wörtliche übereinstimmung mit Lambert. Ob die grössere ausführlichkeit der Altaicher annal. auf ihrer quelle beruht ist aber zweifelhaft; nur die erwähnung des bairischen grafen Berthold gibt ein neues factum, alles andere erscheint als phrasenhafte ausführung, ohne sachlich etwas neues zu bringen.

Besonders auffallend und schwierig ist der Bericht über die unternehmung Ottos gegen Harald von Dänemark. Dass dieser zug in den ann. Hersf. erwähnt wurde, beweisen die andern ableitungen (Lamb. u. ann. Ottenb.); doch ist hier so kurz darüber gehandelt, dass über die eigentliche darstellung in den ann. Hersf. nichts aus ihnen ersichtlich ist. Sowohl form als inhalt erregen bedenken, beide widersprechen der sonstigen klarheit der ann. Hersfeld; die hand des Altaicher verfassers scheint unverkennbar in dieser darstellung enthalten zu sein. [1])

---

[1]) Antequam haec omnia finirentur, Haroldus rex Danorum, incentos malorum, omnem provinciam trans flumen Albiae concremavit et vastavit. Cumque hoc nuntiatum fuisset Otdoni imperatori, adunavit suum exercitum, adiensque ad Haroldum, eique grande bellum voluit inferre. Attamen Haroldus misit nuncios suos ad imperatorem eique expendit omnem thesaurum, ut eum in pace dimisisset. Imperator igitur, nunciis irritatus, reversus est ad suam regionem, ut talem exercitum congregaret, quo nisus potuisset contra ire. Postquam Haroldus rex misit filium suum dominanti ad obsidem omnemque thesaurum, quem habuit, insuperque promisit illi censum dare, quem antea dedit; tunc cessavit imperator suae saevitiae, Haroldum in pace dimisit. — Diese darstellung ist derart, dass man sich den hergang auf dem hier angegebenen wege nur schwer klar machen kann. Während könig Otto noch mit den angelegenheiten herzog Heinrichs beschäftigt ist, macht der könig von Dänemark einen einfall in das transalbingische land. Sobald Otto hiervon erfährt, sammelt er ein heer und rückt gegen Harald an, um ihn mit gewalt der waffen von seinem unternehmen zurückzuhalten. Dieser jedoch schickt dem kaiser boten entgegen und zahlt ihm seinen ganzen schatz, um ihn zu friedlicher umkehr zu bewegen. Der kaiser durch diese boten in aufregung versetzt, kehrt in sein land zurück, um ein neues heer zu sammeln, das ihn in den stand setzen sollte, energisch gegen den könig einzuschreiten. Harald lässt es auch jetzt nicht zum kampfe kommen, sondern schickt wieder seinen ganzen schatz und ausserdem seinen sohn als geissel, und verspricht den tribut zu zahlen, den er früher gegeben. Auf diese bedingungen hin gibt der kaiser seine feindliche absichten auf und schliesst frieden. — Abgesehen davon, dass schon die sprachliche darstellung manches auffällige zeigt (die bezeichnung des kaisers als dominanti) so fehlt es der ganzen erzählung an innerm zusammenhang; das verfahren des königs erscheint unbegreiflich. Die einzige erklärung die, wie ich glaube, etwa angenommen werden könnte, wäre folgende. Harald glaubt sich von dem gegen ihn ziehenden kaiser befreien zu können durch zahlung einer geldsumme, ohne den bisher üblichen tribut zu versprechen und dem kaiser bürgschaft für sein ferneres verhalten zu geben (will man die worte sehr genau nehmen, so kann man die worte incentor malorum in verbindung mit dem vorhererzählten aufstand gegen Otto bringen, und es würde sich dann eine verbindung Haralds mit den unzufriedenen grossen des reichs ergeben, die zu hindern Ottos II. erstes bestreben sein musste). Der kaiser sah in diesem anerbieten H. nur einen Versuch, ohne kampf der lästigen situation zu entkommen, ohne

975 enthält nichts was nicht auch aus den andern ableitungen der Hersf. bekannt ist, ausser einer localnachricht über das kloster.

976. Lamb. weiss nur von einem zuge gegen Heinrich von Baiern, ebenso auch die andern quellen. Die nachricht der ann. Alt. von einem doppelten zuge des königs mag vielleicht in den ann. Hersf. gestanden haben, und von den übrigen ableitungen nur der eine erwähnt sein. Doch scheint der verf. auch eine besondere bairische quelle benutzt zu haben und aus dieser mochte er dann diesen bericht entnehmen, wenn nicht etwa der doppelte zug auf ähnliche weise zu erklären ist, wie der zug gegen Harald.

977. Dafür, das die erzählung von dem weiteren verlauf des kampfes Ottos gegen Boleslav aus den ann. Hersf. entnommen sei, lässt sich nichts entscheidendes beibringen; wahrscheinlicher ist es, dass der verf. hier einer bairischen

---

dass dadurch das verhältniss Dänemarks zum reich fest geregelt worden wäre, musste aber seinen zorn beherrschen, da er sich nicht stark genug fühlte, seine forderungen mit gewalt durchzusetzen. Kurz darauf jedoch kehrt er mit einer solchen macht zurück, dass H. verzweifeln musste seine stellung zu behaupten, und sich daher entschloss das abhängige verhältniss Dänemarks zu Deutschland durch einen tribut anzuerkennen und ausserdem seinen sohn als geissel zu stellen. — Diese erklärung aber leidet an dem übelstand, dass sie etwas zu viel zwischen den zeilen lesen muss; hätte der verfasser dies ausdrücken wollen, so hätte er es deutlicher sagen können. Das einfachste wäre, wenn man annehmen könnte, dass auch hier ein einfaches ereigniss doppelt erzählt wäre. Dafür würde auch Staindel sprechen, der nur von einem zug Ottos weiss, l. c. p. 465 Antequam haec omnia finirentur Haraldus dux Danorum incentor malorum omnem provinciam trans flumen Albiae concremavit atque vastavit, cumque hoc nuntiatum fuisset imperatori, adunavit suum exercitum adiensque ad Haraldum eique grande bellum inferre voluit. Attamen Haraldus misit nuntios suos ad imperatorem eique expendit omnem thesaurum quem habuit, ut eum in pace dimitteret. Schwierig freilich ist es zu erklären. wie eine solche verdoppelung entstanden wäre.

Historischen werth hat dieser bericht überhaupt nicht, Thietmar v. Merseburg, der über diesen kriegszug gut unterrichtet war, da einer seiner verwandten dabei betheiligt war, erzählt den hergang III. 7, ganz anders.

quelle folgte. — Die ausführungen über die unterwerfung herzog Heinrichs mögen wesentlich eigenthum unseres annalisten sein; besonders das: in gratiam suam recipit ist wohl nichts als eine phrase, da wir im folgenden jahre, ohne dass ein neuer friedensbruch des herzogs erfolgt wäre, von seiner gefangenschaft und verbannung hören.

978. Die erste hälfte des berichts zu diesem jahr ist wörtlich aus den ann. Hersf. entlehnt; unbedeutende erweiterungen bringen nichts neues bei und sind bloss phrasenhafte ausschmückung, mit ausnahme der erwähnung des einflusses den die söhne Reginars auf diese verhältnisse übten. Die nachricht dagegen über den überfall des heeres auf der rückkehr an der Aisne muss den ann. Hersf. abgesprochen werden; der verf. hatte sie ohne zweifel aus derselben quelle, wie die sonstigen nachrichten über lothringische verhältnisse.

979—981 sind wörtlich aus den ann. Hersf. abgeschrieben.

982. Schwierigkeiten macht hier der bericht über den kampf Ottos mit den Saracenen. Die übrigen ableitungen der ann. H. enthalten nichts von den charakteristischen ansichten unsers autors [1]), die auch von den sonstigen sagenhaften erzählungen über dies ereigniss abweichen. Vielleicht lag dem verf. hier eine tradition vor, die sich in Italien ausgebildet hatte. — Das schwierigste bei diesen jahren ist, dass dasjenige, was wir in ihnen nicht auf die ann. Hersf. zurückführen können, nicht *einer* andern quelle entnommen scheint. Für die ereignisse in Böhmen, Baiern, Italien liessen sich allerdings wohl locale aufzeichnungen oder mündliche überlieferungen als grundlage ansehn, kaum aber für die lothringischen verhältnisse. Für sie müssen wir uns begnügen, nur festzustellen, dass sie nicht aus den ann. Hersf. stammen, woher der verf. sie aber nahm, ist uns unbekannt, da sie sich weder in den sonst von ihm benutzten quellen noch den andern autoren dieser zeit und gegend finden.

Mit dem jahre 993 hörten die alten aufzeichnungen in

---

[1]) Zu ihnen gehört besonders, dass der kaiser sich vollständig entkleidet ins meer stürzt, um sich durch schwimmen zu retten, während er nach der gewöhnlichen erzählung mit dem ross ins wasser geht.

Hersfeld auf und wurden erst später fortgesetzt, wesentlich auf grundlage der ann. von Hildesheim. Diese hersfelder fortsetzung hat der verfasser der altaicher ann. jedenfalls gekannt und benutzt: die jahre 996, 997, 1000 führen darauf hin. Ob er allein sie und die Hildesheimer gar nicht benutzte, lässt sich mit gewissheit nicht ausmachen. Die genaue übereinstimmung mit den Hild. ann. bei vielen jahren wäre auch im ersteren falle erklärlich, denn diese könnten wörtlich in die Hersf. ann. übergegangen und erst bei ihrer benutzung durch die ann. Ottenb. und Lamb. verändert sein. Doch spricht dagegen — abgesehn davon, dass es für einen mönch von Altaich leicht und natürlich war, annalen von Hildesheim zu erhalten — dass die Ottenb. und Lamb. einigemal übereinstimmend etwas auslassen, was sowohl in den ann. Hild. als Altah. steht, daher es auch in ihrer quelle gefehlt zu haben scheint cf. 1015, 1021, 1027. Ich will in einer zusammenstellung auf die betreffenden punkte näher aufmerksam machen.

Annales Hildesheimenses	Annales Ottenburani	Lambert	Annales Altahenses
995. Rex Abodritos vastavit, urbes et oppida disjecit, occuritque in auxilium Bolislau filius Misaco — — Heinricus potentissimus dux Baioariorum, cum germanam suam dominam Gerbergam — — visitaret Gandesheim 5. Kal. Sept. — — obiit.	Otto rex Abodritos vastat.	Maiolus abbas obiit.	Heinricus dux obiit et filius eius ducatum obtinuit. Maiolus abbas obiit. Oddo rex Abodritos vastat.

Die nachrichten zu diesem jahre sprechen mehr für die Hersf. ann. als quelle der Altaicher, als für die Hildesh. die angaben über den zug des königs gegen die Abroditen sind in den ann. Hildesh. ausführlicher; der Altaicher annalist stimmt genau mit der kurzen notiz der Hersf. die sich bei den Ott. findet. Die erwähnung des todes des abtes von Cluny ist vielleicht auch aus den Hersf. in Lamb. u. Altah.

übergegangen; doch könnte sie auch aus den ältern ann. Alt. in Lamb. werk aufgenommen sein. Da die restauration Altaichs kurz vorher erfolgt war, hatte man hier eine grössere aufmerksamkeit für Cluny, den ausgangspunkt dieser reformatorischen bestrebungen.

Annales Hildesheimenses	Annales Ottenburani	Lambert	Annales Altahenses
996. Johannes papa obiit, unde imperator in Italia iam positus, rumore incitatus, — — publico consensu et electione fecit in apostolicam sedem ordinari suum nepotem dominum Brunonem Ottonis filium, qui marcham Veronensem servabat, imposito nomine Gregorii, a quo et ipse proximo sollemni pentecostes imperator et patricius consecratur. Habitoque cum Romanis placito quendam Crescentium qui priorem papam iniuriis saepe laceravit exilio statuit deportari. Sed ad preces novi apostoli imperator omnia remisit. — —	Otto rex a Gregorio papa, qui et Bruno, imperialem unctionem accepit.	Otto rex contra Crescentium Romam venit, ubi et Brunonem in sede apostolica constituit, a quo et ipse imperator factus est. Gotehardus abbas factus est in Altaha.	Otto rex ad mitigandam saeviam Cr. Romam invitatur. Defuncto papa, Br. Oddonis ducis filium, papam dat a quo et ipse imperialem accepit coronam. Crescentio vero maiestatis reo ad preces papae vitam permisit.

Bei diesem jahr ist es noch deutlicher, dass dem Altaicher die ann. Hersf. als quelle vorlagen. Der anfang seiner nachricht kann nicht gut aus den ann. Hild. genommen sein, dass er aber in den ann. Hersf. ähnlich lautete, zeigt Lamb. Auch die ausdrücke für den empfang der krone stimmen mit den Ottenb. ziemlich genau überein, gehn also auf Hersf. ann. zurück. Wir müssen dann allerdings annehmen, dass auch die begnadigung des Crescent. in die ann. Hersf. übergieng, und zwar ziemlich wörtlich, da eine mittelbare ableitung aus den ann. Hild. bei den ann. Alt. unverkennbar ist, oder dass unser autor hier wieder 2 quellen mit einander verband, indem er zu den Hersf. ann. noch die Hildesh. fügte.

Ann. Hildesh.	Ann. Ottenb.	Lambert	Ann. Altah.
997. Papa Ticini adunato complurium episcoporum consilio praefatum Crescentium anathemate perculit. Interea Iohannes Placentinus episcopus Constantinopoli remeans Romam intromissus apostolcam sedem factione Crescentii invaserat. Unde ab universis episcopis Italiae, Germaniae, Franciae et Galliae excommunicatur.	Sanctus Adalpertus episcopus martyrio coronatur in Sclavia.	Iohannes Placentinus episcopus sedem apostolicam invasit consilio Crescentii. Adalbertus episcopus martirizatur.	Gotehardus abbas fit. Adalbertus episcopus martirizatur. Iohannes Plac. praesul contra Oddonem imperatorem sedem apostolicam invasit Crescentio consiliante.

Der märtyrertod des bischofs Adalbert fehlt in den ann. Hildesh., die ann. Alt. mussten ihn daher aus derselben quelle haben, wie die Ottenb. u. Lamb. d. h. den ann. Hersf. Die bemerkung der ann. Alt. contra O. imp. scheint eigner zusatz zu sein.

Ann. Hildesh.	Ann. Ottenb.	Lambert	Ann. Altah.
998. Praedictus invasor Iohannes ab imperatore caecatus et naribus truncatus deponitur et Crescentius decollatur cum 12 suis ante urbem suspenditur. Eodem anno quaedam mulier in Baioaria in uno partu quinque filios enixa est.	Mulier quaedam uno partu quinque filios enixa est.	Crescentius ab imperatore decollatus cum 12 suis ante urbem suspenditur. Iohannes pseudopapa creatur.	Mulier in Altahensi familia monasterii enixa est simul quinque filios. Praedictus invasor Iohannes ab imperatore Otdone caecatus, naso truncatus deponitur. Crescentius decollatus cum 12 suis ante urbem suspenditur.

Zu diesem jahr scheinen den Altaich. ann. die Hild. vorgelegen zu haben. Die nachricht von der blendung und absetzung Iohannes wird aus den Hild. nicht in die Hersf. übergegangen sein, da Lamb. notiz ohne zweifel aus einer andern quelle stammt, und nur eine wiederholung des zum vorhergehenden jahre berichteten ist. Ueber die wunderbare nachricht aus Altaich selbst vergl. das unten bemerkte.

Ann. Hildesh.	Ann. Ottenb.	Lambert	Ann. Altah.
1000. Imperator Otto III. causa orationis ad sanctum Adalbertum episcopum et martirem quadragesimae tempore Sclaviam intravit. Ibique coadunata sinodo episcopia septem disposuit et Gaudentium fratrem beati Adalberti in principuli urbe Sclavorum Praga ordinari fecit archiepiscopum, licentia Romani pontificis, causa petitionis Bolislavonis Boemiorum ducis, ob amorem pocius et honorem sui venerandi fratris, digni pontificis et martiris. Inde reveniens palmarum solemnitatem Parthenopoli festive persegit. Paschalia vero tempora votive Quidilingaburg celebravit. Pentecostes autem celebritatem digna devotione Aquisgrani feriavit. Quo tunc ammirationis causa magni	Karoli imperatoris magni ossa Aquisgrani reperta sunt.	Imperator ossa Karoli magni Aquis grani *a pluribus eo usque ignorata* invenit. Gaudentius, frater Adalb. martiris, in Praga archiepiscopus constituitur.	Ramuoldus abbas obiit. Imper. causa orationis ad sctum A. episcopum et martyrem Sclaviam intrat, ibi synodo habita septem episcopia disposuit et G., fratrem beati A., *monachum* archiepiscopum ordinari iussit. Inde reversus palmas Magaedaburg, pasca Quitilingaburg egit. Aquisgrani magni imperatoris Caroli ossa, *a pluribus inscita*, quaesivit. Inde Romam ivit.

Ann. Hildesh.	Ann. Ottenb.	Lambert	Ann. Altah.
imperatoris Karoli ossa contra divinae religionis ecclesiastica effodere praecepit, qua tunc in abdito sepulturae mirificas rerum varietates invenit.			

Dass der Altaicher annalist hier die Hersf. ann. vor sich gehabt hat, scheint der zusatz a. pl. inscita, der ähnlich sich bei Lamb. findet, zu beweisen. Die ann. Hersf. konnten diese worte dem ungefähren sinne der ann. Hild. entnehmen, dass aber auch der Alt. annalist unabhängig von den Hersf. ann. dies gethan, ist unwahrscheinlich, vielmehr gab er einfach die Hersf. ann. wieder. Auch die bezeichnung des Gaudentius als monachus kennen die ann. Hildesh. nicht; es fand wohl aus anderer quelle eingang in die Hersf. annalen, oder ist ein blosser zusatz, vielleicht der Hersf. ann. oder auch erst der Altaicher, cf. den zusatz 981.

Neben dieser hauptquelle benutzte unser verfasser für die frühere zeit noch zahlreiche andere aufzeichnungen, doch meistens nur in geringem umfang und mehr zur ergänzung bestimmt. So kannte er die quelle der ersten jahre der Hildesh. ann., die kleinen jahrbücher von Lorsch, sei es dass er sie unmittelbar benutzte, oder wie sie ihm in den ann. Hildesh. vorlagen. Ersteres war sehr gut möglich, da er auch sonst bekanntschaft mit der karolingischen geschichtsschreibung zeigt. Doch sind es nur ein paar notizen, die er aus ihnen entlehnte. Vielleicht ist gleich die erste nachricht zum jahr 708 aus dieser quelle.

Ann. Alt. 708. Pipinus dominatur.

Ann. Laur. min. 680. Pipinus dux Francorum filius Ansgisi post mortem Wolfohuldi ducis partem Austriae regebat obtinuitque regnum Francorum per annos 27 cum regibus sibi subjectis etc. Die nachricht zum jahr 743 Carolomannus et Pipinus pugnant cum Outilone ad Lehhae findet sich allerdings auch bei den Ann. Alam. 742 u. Iuvav. min. 743. Erstere kannte er ohne Zweifel und benutzte sie auch bei dieser stelle, denn auch in ihnen findet sich die angabe des schauplatzes: usque Lech; dass er aber auch die ann. Laur. min. hier heranzog, beweisen die worte cum Outilone, die sich nur hier finden (contra Uodilonem). Für den aufstand Grifos schöpfte er ebenfalls aus den Lorscher annalen.

| *Ann. Lauriss. min.* 748. Gripho frater Pippini in Saxonia aufugit. 750. Idem G. non credens se S. neque Francis, de S. Baioariam petit, B. et Hiltrudem, sororem Pip., cum Tassilone filio parvulo adquisivit. | *Ann Alt.* 748. Grifo fugit in Saxoniam, inde fugiens petiit Baioarios et Hiltrudam, sororem Pipini, cum Thassilone filio parvulo acquisivit. |

Schliesslich ist noch die nachricht zum jahre 802 aus dieser quelle:

| *Ann. Laur. min.* 803. Imperator autem pergit Baioariam, ibi venit legatio Avarorum, omnem terram imperii sui sub dicione imperatoris Karoli subdunt. | *Ann. Alt.* 802. Karolus Baioariam venit, legati Avarorum ibi terram subiiciunt. |

Von nicht viel grösserem umfang sind die nachrichten, die aus bairischen quellen stammen. Da aus dieser zeit leider nur geringe reste derselben sich erhalten haben, (cf. Ann. Iuvav. SS. I. p. 87 ff.) sind wir nicht im stande, alle nachrichten, die in unseren annalen ohne zweifel auf bairische quellen zurückgehn, bis auf ihren ursprung zu verfolgen. Es sind einmal Salzburger annalen, sowohl die grösseren als die kleineren, die unserm verfasser vorlagen. Giesebrecht [1]) hat hiergegen freilich bedenken, weil derartige kleine notizen, wie die jahre 741, 742, 743 enthalten, häufig auch in andere annalen übergiengen. Da diese notizen sich aber weder in den

---

[1]) Praef. XIV n. 2: Ad annos 741 et 742 Wolfherii verba cum annalibus Iuvavensibes maioribus, ad annos 742 et 743 cum Iuvavensibus minoribus conveniunt. Haesito vero, num ipse annales Iuvavenses in manu habuerit, cum brevissimae notae eius generis etiam in alios annales facile transcribi potuerint.

schreibung Godehards c. 19 [1]) diese nachricht, aber ohne genauere angabe des jahres, dies findet sich wieder bei den ann. Bert. 835: Ebo in plenaria synodo capitale crimen confessus, seque tanto, id est episcopali ministerio indignum proclamans, propriaque scriptione confirmans, sese omnium consensu atque iudicio ab eodem ministerio reddidit alienum.

Beide nachrichten genügen allerdings nicht, die ann. Bert. zweifellos als quelle betrachten zu lassen, aber machen es doch sehr wahrscheinlich. Auffallend freilich ist es, dass der verf. aus einer so reichen quelle nur diese wenigen notizen entnommen haben sollte, aber dieser räthselhafte umstand erneuert sich bei mehreren quellen in derselben weise, wo eine benutzung derselben sicher ist.

So vor allem bei der benutzung der chronik des Regino und ihrer fortsetzung. Aus der chronik selbst können wir allerdings nur eine nachricht in unsern annalen nachweisen, die beim jahre 889:

Regino. Gens Hungarorum ferocissima et omni belua crudelior, retro ante seculis ideo inaudita quia nec nominata a *Scythicis* regnis et a paludibus, quas Thanais sua refusione in immensum porrigit, egressa est.	*Ann. Altah.* Ungri ex Scythia egressi.

Der fortsetzung des Regino hat unser annalist ausser einer stelle zum jahre 950;

Cont. Reg. rex filio suo Luidolfo ducatum Alemanniae commisit.	*Ann. Alt.* Luitolfo Alem. committitur.

seine nachrichten über den feldzug Ottos I. gegen Berengar a. 961—964 entnommen, wie aus einer vergleichung beider stellen ersichtlich ist.

---

[1]) (Aelfrido) — qui post Ebonem a Remensi quondam metropoli depositum, in hac vero ecclesia, defuncto Reinberto successore videlicet. Guntharii primi nostri antistitis subpositum.

Cont. R. 961. Rex in Italiam ire disponens fidelium multitudinem Wormatiae coadunavit, ubi consensu et unanimitate regni procerum totiusque populi filius eius Otto rex eligitur. Indeque progrediens, convenientia quoque et electione omnium Lothariensium Aquis rex ordinatur. Ordinato vero filio, pater — — Bawariam et Trientum in Italiam se admisit. — — Berengarius vero et Willa filiique eorum quibus poterant munitionibus aut castellis includebantur, et nusquam forinsecus contra regem quid audentes progrediebantur.

962. Rex natalem Domini Papiae celebravit, indeque progrediens Romae favorabiliter susceptus, acclamatione totius Romani populi et cleri ab apostolico Iohanne, filio Alberici, imperator et Augustus vocatur et ordinatur — — Imperatore Augusto ab Romana urbe redeunte — Berengarius in monte sancti Leonis se munivit et Willa in lacu Maiore — se inclusit. Filii vero eorum, Adalbertus et Wido, huc illucque incerti vagabantur — — Tunc Willa aditur — — et capitur.

963. Adalbertus huc illucque discursans — Romanum eti-

Ann. Altah.
(Otdo rex a Joanne papa Romam ad mitigandam arrogantiam Adalberti regis invitatur), et eodom anno Otdo iussu patris Oddonis rex factus est.

Oddo maior Italia subacta, Berengario obsesso, Adalberto fugato a Ioanne papa imperator effectus est cum summo Romanorum tripudio.

am pontificem multipliciter in suum adiutorium sollicitavit. Dum haec aguntur — imperator Bereng. in monte sancti Leonis — obsedit. — — Interim Iohannes papa, promissiones imperatori factas oblivioni tradens, ab eo defecit, et Berengarii seu Adalberti partibus favens, Adalbertum Romam intromittit — — Imperator, relicta obsidione, Romam versus cum hoste pergit, cuius ipsi metuentes adventum — fugae subsidia petunt. Tunc Romani — imperatorem — urbem in tromittunt — Imperator vero, plurimorum episcoporum collecta multitudine, synodum coadunavit, et apostolicum ad sedem pontificalem revocavit. Illo hoc renuente, plebs Romana Leonem — communi consensu in locum eius elegit.

Iohannes ab imperatore deficiens, Adalbertum recepit, imperator vero, regrediens Romam, sinodum cum episcopis habuit et, Ioanne fuga lapso, Leonem in sedem apostolicam collocavit.

964. Imperator Romae natalem Domini celebravit. Berengarius in monte sancti Leonis obsessus vincitur et cum Willa in Bawariam mittitur. Romani iterum ab imperatore — deficientes — eum occidere nitebantur, sed insidiis eorum patefactis — — 3. Non. Ianuarii cum paucissimis suorum eos invasit, et non modicam illorum multitudinem prostravit. — — Tunc imperator plena adhuc ebdomada

Imperatore natale Domini Romae agente, Bernharius capitur. Imperatori a Romanis mors machinatur, quae tamen machinatio ad velle honorifice sedatur. Imperator Roma egreditur; Leo papa a Romanis eicitur, Iohannes reponitur quo mortuo Benedictus eligitur. Imperatore Romam remeante populus Romanus vincitur, (Benedictus papa Adaldago Hammaburgensi episcopo committitur, paulo post moritur).

apud illos manens, Spolitanum ducatum et Camerinum ordinaturus exivit — Romani, non longe illo ab urbe posito, Iohannem urbi intromittunt — Leo vero papa vix cum paucis evasit — Iohannes — 2. Id. Maii rebus humanis excessit. Tunc Romani — Benedictum quendam — eligunt. Quo audito imperator — — Romam adiit. — — Ad ultimum Romani — Benedictum sacrilegum et periurum imperatoriae ditioni reddunt et domnum Leonem — restituunt. Tunc Leo apostolicus — eundem Benedictum — ab invaso gradu deponit.

Auch die lebensbeschreibung Godehards war unserm verfasser nicht unbekannt. Doch hat er sie nur in sehr geringem umfange herangezogen; ausser der oben bereits erwähnten stelle a. 835, ist wohl nur das jahr 1026 zum grössten theil auf sie zurückzuführen. Dass dies aber hier benutzt ist, ergibt sich vorzüglich daraus, dass die nachricht von der krönung Heinrichs für dies jahr unrichtig, und so in der vita God. angegeben ist, während sich in den Hersf. ann. die angabe richtig beim jahr 1028 findet.

Ob der verf. das liber pontificalis zum jahr 800 benutzt hat, kann zweifelhaft sein, da ihre angaben nicht in allen einzelheiten miteinander stimmen [1]); sicherlich aber gehn seine angaben auf eine italienische, speciell wohl römische quelle zurück, was sich leicht aus dem aufenthalt des verf. in Italien und in Rom selbst erklärt.

---

2) Lib. pontif. b. Muratori III. 199.

In ipso die natalis Domini nostri Iesu Christi et missa peracta post celebrationem missarum obtulit ipse serenissimus domnus imperator mensam argenteam cum pedibus suis pensan. libr. ... Sed in confessione eiusdem dei apostoli obtulit una cum praecelentissimo filio suo rege et filiabus diversa vasa ex auro purissimo in ministerio ipsius mensae pensan. libr. ... Sed et coronam auream cum gemmis maioribus, quae pendet super altare pens. libr. 55. Et pateram auream maiorem cum gemmis diversis pens libr. 58. Item calicem maiorem fundatum cum scyphone pens. libr. 37. Immo et alium calicem maiorem fundatum pens libr. 36. Obtulit et super sacratissimum altare Beati Petri apostoli, immo se in Basilica Beati Pauli apostoli mensam argenteam minorem cum pedibus suis pens. libr. 55. cum diversis vasis argenteis mirae magnitudinis, quae ad usum ipsius mensae pertinet.

Ann. Altah.
Carolus Romam venit, obtulit natali purissimi auri libras in vasis aureis 500, discum argenteum rotundum magnum; circumsectione coronam auream obtulit Carolus librarum 50, suspensa manet catenulis super ara Petri, variis preciosissime lapidibus ornata, die epiphaniae ad tumulum Petri calices tres, duos pro liberis, unum pro se, librarum auri purissimi 42, patenam auream librarum 22, egenis tria millia argenti libras.

Seit dem anfang des 11. jahrhunderts finden sich einige nachrichten, die auf die chronik Thietmars von Merseburg zurückzugehn scheinen. Sie beziehn sich meist auf die angelegenheiten des westlichen Deutschlands, und sind beim Altaicher sehr verkürzt. Von diesen nachrichten kann auf Thietmar mit gewissheit zurückgeführt werden, ausser der schon oben besprochenen stelle 994, 1007, 1003, 1010 1014; zweifelhaft dagegen ist es bei den jahren 1009 und 1012.

Besonders bedenklich ist, dass beim jahre 1009 an eine nachricht, die aus Thietmar entnommen scheint, sich eine andere schliesst, die mit jener ersten ein ganzes bildet, sich aber nicht in Thietmar findet. Es läge demnach vielleicht so, dass Thietmar allerdings die grundlage dieser nachrichten wäre, die annal. Altah. aber erst durch vermittelung einer dritten quelle aus ihr geschöpft hätten. — Die hierher gehörigen stellen sind folgende:

Thietmar 1003. V. 22. SS. II. 800. Tunc destructa penitus eadem — rex inde ad Chrusni castellum — proficiscitur — Confestim radicitus dirui a rege iubetur, sed parcentibus huius rei auctoribus magna ex parte cum aedificiis servatur.	*Ann. Alt.* Et castellum Chrusna destructum est.
1007. Th. VI. 22. p. 813. Interea Baldwinum ducem Wlandariorum iuventus et rerum affluentia ac mala iniquorum inflacio adversus regem animavit. — Cum rex autem ad abbatiam, quae Gent dicitur, a confratribus illius ecclesiae susceptus, loco eodem et bonis appertinentibus cunctis pepercit. Tandem Baldw. magna necessitate coactus, humili supplicatione veniam impetrat et non longe post per manus regis effectus Walecron — in beneficium adipiscitur.	Expeditio ad Gent. Baldwin dux Heinrici regis dominatui substernitur.
1010. Th. VI. 38. p. 822. Inde ad Luzici pagum, in cuius fronte urbs quaedam Iarina stat. — Infirmabatur tunc ibidem rex et sibi dilectus Tagino.	Expeditio ad Sclavos, ex qua rex infirmatus cum quibusdam revertitur.

Tunc principes angusto versant in pectore, quid deberet fieri de incepta expeditione. Tandem ab hiis inventum est, quod rex cum episcopis quibusdam et infirmiori multitudine rediret.

Th. VI. 46. p. 827. Quod regina at primo comperit, per Geronem pincernam suum regi iam iuxta Metensem urbem cum exercitu sedenti, indixit.

1012. Metensis civitas iterum obsessa.

Th. VI. 49. p. 830. Conradus et Herimannus puer duces egregii obierunt.

1012. Herimannus dux Alemanniae obiit.

Th. VII. 54. p. 860. In Bawariorum confinio atque Marahensium quidem peregrinus nomine Colomannus ab incolis, quasi speculator esset, capitur et ad professionem culpae, quam non meruit diris castigationibus compellitur. — — Hoc marchio Heinricus ut comperit, corpus eiusdem in M. sepelivit.

1012. Sanctus Colomanus apud Stokarawe patitur, marchione Henrico in Austria, patre Adalberti marchionis.

Th. VII. 1. p. 836. Anno autem regni eius tertio decimo et die dominica ac 16. Kal. Mart. Heinricus. Dei gratia rex inclytus — cum dilecta suimet coniuge Cunigunda — unctionem et coronam suscepit.

1014. Heinricus fit imperator Romae 16. Kal. Martii.

Bei den meisten der zuletzt besprochenen quellen wiederholte sich die erscheinung, dass von einem grossem umfangreichen werke nur kurze und wenige notizen entlehnt wurden. Man könnte nun geneigt sein, diese bereits den früheren aufzeichnungen in Altaich zuzurechnen, zu denen ihre ganze fassung mehr zu passen scheint, als zu den uns vorliegenden. Doch glaube ich nicht, dass damit für die erklärung viel gewonnen wäre. Im gegentheil: kannten die verfasser der älteren Altaicher annalen solche grosse werke, so würden sie dieselben ohne zweifel in ähnlicher weise benutzt haben wie der verfasser unserer annalen die jahrbücher von Hersfeld. Immerhin ist es bei einem werk, das eine bestimmte grundlage hat und dieser genau folgt, nicht so wunderbar, wenn es ausserdem ergänzungen aus andern schriftstellern aufnimmt, als bei einer arbeit, die nur kurze und fragmentarische nachrichten hatte, es wäre, hätte sie eine sichere grundlage, die sich ihr bot, abgelehnt. Wenn aber die ältern aufzeichnungen in Altaich diese nachrichten enthalten hätten, so würden sie dadurch ihren charakter, wie wir ihn sonst kennen, durchaus ändern. So viel wir sehn, erheben sie sich nicht über localaufzeichnungen, und sind überhaupt weit entfernt irgend eine auch nur einigermassen zusammenhängende darstellung zu geben. Eine continuität der jahre, bei welchen nachrichten eingetragen sind, würde sich auch dann nicht ergeben, wenn die oben erwähnten stellen ihnen angehörten; das verhältniss würde noch unbegreiflicher scheinen, während wir jetzt die dürftigkeit dieser ältern aufzeichnungen theils aus ihrem beschränkten gesichtskreis erklären können, theils daraus, dass es gar nicht in ihrer absicht lag, für eine historische arbeit zu gelten, sondern für blosse notizen über die klostergeschichte und besonders merkwürdige ereignisse. — So lange wir daher nicht im stande sind, zwischen diesen nachrichten der ann. Altah. und ihren erwähnten quellen eine vermittelung durch ein anderes werk anzunehmen, müssen wir uns begnügen, jene als solche beizubehalten.

Ich habe bereits oben darauf hingewiesen, dass unser verfasser auch das werk Hermanns von Reichenau kannte. Doch ist hier ein zweifaches zu unterscheiden. Einmal nemlich stimmen beide in einzelheiten, wie die besetzung von herzogthümern, in angabe von familienverhältnissen der grossen und des königs, überein. Diese nachrichten entnahm der Altaicher annalist ohne zweifel Hermann. Ausserdem aber findet sich eine grosse ähnlichkeit in der erzählung der Ungarkriege Heinrichs III. Dass Hermann hier nicht quelle für den Altaicher sein kann, ergibt sich aus der viel grösseren ausführlichkeit des letzteren. Da aber ihre übereinstimmung derart ist, dass irgend ein zusammenhang zwischen beiden statuirt werden muss, so wird die annahme wahrscheinlich, dass beiden eine gemeinsame quelle zu grunde lag, die von dem Altaicher mönch stärker benutzt wurde, der sie ausserdem noch durch tradition und mündliche berichte von augenzeugen ergänzen und berichtigen konnte.

Ich gehe jetzt die einzelnen jahre durch, die hier in betracht kommen und stelle zuerst das zusammen, was unmittelbar aus der erzählung Hermanns in die Altaicher annalen übergieng, und sodann diejenigen nachrichten, die auf eine gemeinsame quelle zurükgehn.

H. C. Gebehardus secundus, Ratisponensis episcoqus, 16. Kal. Martii obiit, pro quo tercius Gebehardus, Counradi *imperatoris* ex matre Adalheide *frater*, episcopus ordinatur.

A. A. 1036. Gebehardus Radesponensis episcopus obiit, cui succedit *frater imperatoris*.

H. C. Reginbaldus quoque, Nemetensis episcopus, vir vita et habitu monachico verendus, 3. Id. Octobr. decessit; eique Sibicho, fama longe dissimilis, successit.

A. A. 1039. Reginpoldus episcopus Spirensis moritur, eique Sibicho substituitur.

H. C. Heinricus rex Boemiensem ducem iterum rebellantem petens — partem expeditam exercitus per devia saltus provinciam misit. Sed — — irruentibus undique Boemannis, caesi, capti fugatique sunt. — — Rex vero, pluri-

A. A. 1040. Eiusdem anni autumno rex bellum indixit Boemico regno, ubi plurimis suae militiae perditis rediit sine successu prosperitatis.

mis militum et procerum amissis, infecto interim negocio discessit.

1043. *H. A.* Gisela imperatrix apud Goslare, quamvis a sortilegis nonnumquam vera sibi praedicentibus decepta filio regi se supervicturam crederet, desinteriae morbo 16. Kal. Mart. decessit et Nemeti iuxta maritum imperatorem sepulta est.

A. A. Isdem temporibus Gisla imperatrix, mater caesaris, est defuncta et ab ipso et episcopis et principibus iuxta virum Chunradum imperatorem Nemidone sepulta.

H. C. Ubi (Ingelheim) etiam Luitpaldus, Adalberti marchionis filius, magnae virtutis et pietatis adolescens, ab ipso rege marchio promotus, et post paucos dies defunctus, Treveri a patruo suo Poppone archiepiscopo sepultus est.

A. A. Non multo post obiit Luitpolt, filius Adalperti marchionis, egregiae indolis iuvenis, qui multorum nimio dolore deploratus a patruo suo archiepiscopo Treveris est tumulatus.

1046. *H. A.* Rex natale Domini in Saxonia apud Goslare celebravit.

A. A. Rex feriavit Domini natale Goslare.

H. C. Rex paschale festum apud Traiectum egit.

A. A. Rex tempus pascale celebravit in Traiectensi civitate.

H. C. Sanctum autem pentecosten Aquisgrani faciens, Gotefrido duci e custodia relaxato, sibique procedenti terra tenus prostrato, ducatum suum misertus reddidit. — Fridericus, frater Heinrici ducis Baioariae, dux Lotharingorum pro Gotefridi fratre ignavo Gozzilone constituitur.

A. A. Adventum Aquisgrani Spiritus sancti cum magno principum concilio peregit, ibique Gotefrido duci gratiam suae reconciliationis dedit ac ducatum unum, cui patre vivente dominabatur. Alter vero nec illi nec fratri habendus permittebatur, sed Gozziloni sublatus Fredirico, Baioariae ducis fratri, est datus [1]).

---

[1]) Der Altaicher annalist nahm an, dass, als Gottfried Oberlothringen wiedererhielt, sein bruder Gozzilo noch lebte. Dies ist aber ein irrthum.

1047. *H. C.* Interea Otto Suevorum dux — inmaturo obitu diem clausit extremum. (1048: imperator — Ottonem de Suinvurt, marchionem, Suevis ducem constituit) — Clemens etiam, qui et Suidegerus, papa in Romanis partibus nono mense promotionis suae diem obiens, ad episcopatum suum Babinberg reportatus tumulatur. — Item Poppone archiepiscopo ipsis diebus defuncto, Treverensi urbi Eberhardum, Wormatiae praepositum, archipraesulem praefecit.

1049. *H. C.* Imperator natalem Domini Frisingae et purificationem sanctae Mariae Ratisponae agens, Baioariae ducem Counradum constituit — — Gotebaldus Nemetensis praepositus, Aquilegiae patriarcha post Eberhardum, his diebus defunctum, ab imperatore promovetur. Interea — — nonnulli de partibus maritimis milites et principes cum Leodiensi episcopo et Traiectensi atque Metensi congregati,

A. A. Otto etiam dux Alamannorum obiit, succedit Otto Swinvurtensis. Suidigerus papa obiit, Bamberg deducitur et sepelitur. Poppo archiepiscopus Treverensis obiit, Eberhardus succedit.

A. A. Natale Christi Frisingii imperator celebravit et Gotepoldo cancellario patriarchatum Aquilegiensem tradit. Inde Radasponum it, in purificatione Deiparae Virginis ducatum Baiariorum Chuononi concessit. Diotericus etiam iniustus coniurationis Gotefridi et Paldwini adversus imperatorem dominum suum socius, digna Dei ultione occisus est.

---

da derselbe schon vor Pfingsten 1046 gestorben war, und eben aus diesem grunde eine neue verleihung des herzogthums Niederlothringen stattfinden musste. Hermann berichtet diese ereignisse nicht in ihren einzelheiten genau, so erwähnt er nicht besonders den tod Gozzilo, obwohl dieser in dem ausdruck: pro Gozzilone liegt. Der Altaicher aber verstand Hermann falsch, und veränderte seine worte in einer wie es ihm wohl schien, klareren weise. Wir sehn aus diesem beispiel, wie unser verf. seine quellen bisweilen recht oberflächlich verarbeitet.

Theoderico in Phladirtingam insidias tendunt, commissaque pugna victum occidunt, et provinciam illam imperatori subiciunt.

1050. *H. C.* Quo etiam tempore (ipso autumno) Agnes imperatrix tandem imperatori filium peperit.

1051. *H. C.* — paschale vero festum Coloniae demoratur, ibique filius eius Heinricus ab archiepiscopo Herimanno baptizatur.

1052. *H. C.* Ipsis diebus imperatrix item filium, quem Counradum postea vocaverunt, imperatori peperit.

1054. *H. C.* (1053. Imperator vero in Baioariam veniens ducatum eiusdem provinciae filio suo aequivoco tradidit.) Sicque in eadem commorans provincia natalem Domini in villa Otinga egit ibique Babinbergensis aecclesiae praesulatum consobrino suo Adalberoni donavit.

A. A. Autumno imperatrix Deo gratias filium peperit.

A. A. — paschalia Agrippinae feriat, ibique filium baptizari curavit.

A. A. Quo tempore imperatrix filium secundum genuit, Chunradum nomine.

A. A. Apud Otingun imperator natale Christi, curtem regiam, celebrat, ibique maiori filio suo ducatum Baioaricum contradidit, Adalberoni consobrino suo tradit episcopatum Pabinpergensem.

Es ist bereits angegeben worden, dass für die Ungar- und Böhmenkriege Heinrichs III. sowohl Hermann wie die Altaicher ann. eine gemeinsame quelle benutzt haben. Die übereinstimmung zwischen beiden ist zu gross, als dass ihre nachrichten gänzlich unabhängig von einander sein könnten. Wie manche abweichungen bei erzählung derselben ereignisse in zwei gut unterrichteten schriftstellern sich finden, sieht man, wenn man die erzählung der lotharingischen wirren unter Heinrich III. bei H. und dem annalisten vergleicht. Ich werde weiter unten noch einiges über die etwaige beschaffenheit dieser quelle — so weit wir diese aus den ann. Alt. erkennen können; H. hat sie so vollständig in sein werk verarbeitet und dem ton desselben angepasst, dass wir an ihm keinen anknüpfungspunkt für eine nähere bestimmung haben — bemerken; jetzt stelle ich die nachrichten zusammen, die in beiden werken derselben quelle entnommen sind.

Die expedition Heinrichs gegen Bratislav von Böhmen im jahre 1041 wird allerdings bei H. nur kurz erzählt, stimmt aber selbst in einzelnen worten mit dem bericht der Alt. annalen:

1041. *H. C.* Secutaque aestate collecto grandi exercitu provinciam ipsam *per devia* ingressus praedis et *incendiis* cuncta devastat, donec dux malis subactus pacem postularet, sui deditionem et cum tota gente subiectionem, Ratisponamque se ad regem venturum et imperata facturum fidelibus regis ad se vocatis promitteret. Quod etiam rege discedente mox factis implevit.

A. A. Item ad Boemos facta est expeditio meliori, quam pridem, auspicio — — Rex circuiens sylvam *perdevia* terram illorum invasit occulte — vastant igne — dux legatos ex animo supplicis mittit, omnium familiarium purpuratorum auxilium implorat, ut liceret, sese cum omni regno suisque dedere et gratiam caesaris quaerere. Promisit quidem sub iuramento, se Radisbouam venturum et omnis subiectionis humilitate caesari subditurum — — Dehinc duarum hebdomadarum spatio peracto, venit dux die condicto. —

Der ungarzug desselben jahres wird von H. so kurz erzählt, dass man kein urtheil über seine quelle fällen kann. Ausführlicher ist der folgende zug a. 1042, der wieder in sehr vielen einzelheiten mit den ann. Alt. stimmt. So gibt H. das motiv des kriegs in derselben weise an (H.: Ovo — ob susceptum a rege nostro Petrum. A. A.: Nam postquam audivit [scl. Obo], Petrum eundem caesaris gratiam recepisse, extimuit, hoc suo dominatui cladi futurum esse), berichtet dann ebenso über die theilung des ungarischen heeres, und über seine niederlage durch Adalbert und Luitpolt. Selbst der frühere aufenthaltsort des von Heinrich eingesetzten fürsten wird von beiden gleicherweise in Böhmen angegeben. Allerdings findet auch eine differenz zwischen beiden statt: *H. C.*: Heinricus quoque rex autumno Pannoniam petens Heimenburg et Brezesburg evertit, septentrionalem partem Danubii, quia flumina australem et paludes munierunt, usque ad Grana flumen vastavit seu in deditionem accepit. Der Altaicher annalist dagegen sagt: novem ibi civitates deditione cepit, quas — fratrueli Stephani regis — dedit; duae tamen earundem urbium. Baioariae marchae proximae, ante adventum nostratium urbanorum ignibus sunt consumptae. Mit den beiden letzten städten sind ohne zweifel die von H. genannten gemeint, die ja nicht weit von der grenze der ostmark entfernt liegen. Der Alt. annalist, dem neben seiner quelle noch mündliche überlieferungen zu gebote standen, ergänzte wohl aus ihnen den nicht ganz genauen schriftlichen bericht.

Der feldzug des jahres 1043 zeigt bei H. nichts, was ausser dem allgemeinen inhalt mit den Alt. ann. stimmt, ihm sind nur ein paar worte gewidmet.

Grössere übereinstimmung finden wir beim folgenden jahre; beide erwähnen denselben grund zum kriege: *H. C.*: Ovo rex cum iusiurandum pactumque infregisset: *A. A.*: sed et hoc accedebat eius infortunio, quod regem nostrum offenderat denuo non complendo, quam praecedenti autumno sponsionem fecerat, quam etiam iureiurando firmarat. Auch die geringfügigkeit der königlichen streitkräfte heben beide hervor: *H. C.*: Heinricus rex cum perparvis copiis Pannoniam petiit; *A. A.*: geminum tantummodo exercitum ducens, Noricum et Boemicum. Ebenso werden die folgen des kampfes, die unterwerfung des volkes, die restituirung könig Peters, die verleihung von bairischem recht an die Ungarn, und die hinrichtung des usurpators Obo in beiden durchaus übereinstimmend erzählt.

H. C. Ovone rege vix fuga elapso omnes Ungarii ad deditionem Heinrici regis *cater-*

A. A. Interea populus terrae nunc gregatim nunc singillatim venit et caesari victori *vatim* concurrunt, subiectionem serviciumque promittunt. Ipse vero, ut erat per omnia piissimus, Petrum regem dudum expulsum regno suo restituit. Ungarios petentes lege Baioarica donavit ipseque cum triumpho in regnum suum rediit. Non multo post idem Obo a Petro rege comprehensus scelerum suorum poenas capite persolvit. se dedit, qui placido suscepit eos vultu, tradidit Petro regi suo. — Illis etiam petentibus concessit rex scita Teutonica, et relinquens illis suorum praesidia, ipse domum rediit. — Obo — vix elapsus fugitando latitabat, usque dum comprehensus communi iudicio nostrorum et suorum capitalem subit penam.

Denselben charakter tragen bei beiden schriftstellern die nachrichten zum jahr 1045, wo die übertragung Ungarns an Heinrich III. als lehn erzählt und zugleich ein unfall berichtet wird, der Heinrich auf seiner reise traf und den tod des bischofs von Würzburg zur folge hatte. Die letzten unternehmungen Heinrichs gegen Ungarn, 1051, 1052, hatten nicht den glücklichen erfolg wie die ersten züge; vielleicht ist dies der grund, warum hier der Alt. annal. kurz über sie hinweggeht, während H. genauer ist. Doch aber ruhn beide auf derselben quelle.

Seitdem Hermann von Reichenau aufgehört hatte als quelle zu dienen, schöpfte der verf. seine nachrichten grösstentheils aus mündlichen berichten, wie er dies bei einzelnen gelegenheiten selbst hervorhebt, cf. 1066 den bericht über die schlacht bei Hastings, 1067 über die ermordung des erzbischofs von Trier, 1071 die vorgänge in Lüttich über Malmedy und Stablo [1]). Nur über die Ungarkriege Heinrichs III. scheint

---

[1]) 1071. Cum autem rex in Luticha celebraret pasca dominicum, accidisse illic audivimus ab his, qui intererant, tale miraculum.
1067. Interfectores autem eius postea ferreis circulis constrictos poenitentiam agere conspeximus.
1066. Hac aestate Aquitani cum Anglis Saxonicis navali proelio pugnaverunt eosque victos suo dominio subiugaverunt. Retulerunt ergo nobis, qui eidem bello interfuere, duodecim millia hominum ex parte vincentium cecidisse. — Vielleicht hatte der verf. diese kunde von Angelsachsen, die im gefolge der tochter des fürsten Tosting, welche

dem verf. die eben besprochene quelle vorgelegen zu haben. Allerdings hatte er bei der lage des klosters, das wohl auch einmal den kaiser auf dem zuge gegen Ungarn in seinen mauern beherbergte, gelegenheit genug, genaue kunde von den dortigen ereignissen entweder selbst zu hören oder sich später von andern erzählen zu lassen. Auch nahmen wohl dienstleute des klosters an diesen kämpfen theil, zu denen natürlich die bairische mannschaft besonders herangezogen wurde. Diese umstände würden hinreichen, die genauen angaben unseres annalisten zu erklären, aber der vergleich mit Hermann von Reichenau hat schon gezeigt, dass hier wahrscheinlich eine schriftliche aufzeichnung zu grunde lag. Es ist mir nicht unwahrscheinlich, dass dieselbe ein gedicht war, wie in damaliger zeit einzelne besonders interessante begebenheiten der zeitgeschichte häufig von geistlichen in poetischer form bearbeitet wurden [1]).

Die sprache der ann. Altah. trägt hier einen eigenthümlichen charakter; sie zeigt einen gewissen schwung der darstellung, reimende satzausgänge u. dgl., worauf bei besprechung der sprache der annalen weiter eingegangen werden wird. Auch einzelne durchaus poetische ausdrücke finden sich, so im jahre 1044, wo der könig heros genannt wird, 1041, wo die fürsten purpurati heissen. Sogar hexameter, wenn auch schlechte, können wir in einem satz erkennen: a. 1044: mos namque est milites donari felicibus praemiis, iste destitutus est ducatu donisque divinis, mit einer unbedeutenden umstellung:

mos namque est milites donari felicibus praemiis
destitutus iste est ducatu donisque divinis.

Poetisch ist in diesem satze auch das asyndeton, ferner der ausdruck felicibus praemiis, während man felices, auf milites bezogen, erwartete, ebenso die bezeichnung der augen als dona divina.

---

im jahre 1071 den herzog Welf heirathete, nach Baiern kamen. Auffallend ist hier die bezeichnung der Normannen als Aquitani; dies deutet eher auf eine angelsächsische als eine normannische quelle. Wenn der verf. den kampf eine seeschlacht nennt, so lässt sich hier nur an ein missverständniss des ihm berichteten denken.

[1]) cf. W. Wackernagel, deutsch. litteraturgesch. p. 76.

Aber auch der inhalt spricht für diese ansicht. Seine ausführlichkeit geht mehr auf das ausmalen einzelner scenen, auf schlachtbeschreibungen u. dgl., als auf genaue angabe aller thatsachen. Besonders in den ersten kriegsjahren findet sich eine gewisse unbestimmtheit, so werden 1042 die namen der eroberten städte nicht genannt, 1043 das abgetretene gebiet nicht näher angegeben. Einen ganz ähnlichen charakter trägt die erzählung von den böhmischen kämpfen, für die wir dieselbe quelle annehmen können. Auch hier begnügt sich der verfasser mehr mit allgemeinen ausdrücken zur charakterisirung der lage, anstatt die einzelnen umstände sorgfältig anzugeben; so erwähnt er a. 1041 nicht, dass das heer des königs bei Prag lagerte, was wir aus andern quellen wissen. Einen vorzüglichen platz nimmt in diesen jahren die hinweisung auf gottes hülfe und gerechtigkeit ein, sieg und niederlage wird durch sie erklärt. — Entschieden dichterische züge zeigt der kampf, den markgraf Adalbert und sein sohn Luitpold im 1042 gegen die Ungarn bestehn.

Wie die ausführung, so ist auch die motivierung mehr eine poetische als historische. Während der aufstand gegen könig Peter a. 1041 nationale und vielleicht auch religiöse ursachen hatte, erscheint bei userm annalisten als einzige veranlassung das der wittwe könig Stephans zugefügte unrecht; als hauptmotiv der empörung gegen Obo 1044 die reue der fürsten über ihr vergehen gegen könig Peter; bei der empörung des jahres 1046 wird gar kein motiv angegeben (man muss aus dem verlauf des aufstandes schliessen, dass der könig die christliche religion und die Deutschen mehr begünstigte, als den Ungarn recht war).

In den letzten Ungarkämpfen Heinrichs III. tritt dies poetische element etwas mehr zurück, wenigstens in den eigentlichen kriegszügen der jahre 1051 u. 1052, während allerdings die nachricht über den neubau von Haimburg 1050 manche schilderung enthält, die mehr in einem gedicht, als in einem historischen bericht am platze ist.

War die hier zu grunde liegende quelle ein gedicht, so berührte dieser umstand mehr die form als den inhalt. Wegen einzelner ausschmückungen brauchen wir keinen zweifel in die hauptsächlichen angaben des Altaichers zu setzen; die nachrichten, die wir hier gewinnen, lassen sich recht gut mit andern quellen vereinigen. Auch war der verfasser im stande, falsche angaben seiner quelle zu berichtigen, wo er durch mündliche überlieferung bessere kunde hatte. Wo dies gedicht entstanden sein mag, können wir nicht mit sicherheit sagen, wahrscheinlich aber in Baiern, wo man an diesen kämpfen das meiste interesse nahm und am besten über sie unterrichtet war. Darauf weist auch der umstand, dass Herrmann von Reichenau den markgrafen von Oestreich *noster* marchio nennt, (1041) eine bezeichnung, die er nur einer bairischen quelle entnehmen konnte. Ebensowenig lässt sich die zeit der abfassung bestimmt angeben; doch fällt sie wahrscheinlich zwischen die jahre 1052—1058, denn die verhältnisse Ungarns zum reich unter Heinrich IV, wie wir sie in unsern annalen finden, tragen von dem charakteristischen gepräge der früheren darstellung nichts mehr an sich.

Die zahlreichen nachrichten, die der verfasser über italienische verhältnisse gibt, verdankte er wohl gröstentheils mönchen des klosters, die zum theil in angesehenen stellungen in diesem lande lebten. So war in Norditalien der abt des klosters Leno in der diöcese Brixen ein mönch von Altaich, und ebenso einige zeit früher ein abt von Montecasino. In besonders nahen beziehungen scheint der verfasser zu dem abt von Leno, Wenzel, gestanden zu haben, der im jahre 1063 als abt nach Altaich kam. Ohne zweifel verdankte er seine guten nachrichten über das schisma zwischen Alexander und Honorius vorzugsweise diesem manne.

Manche ereignisse berichtet er auch, wie es scheint, als augenzeuge. So werden bei dem concil zu Mantua die reden des kaiserlichen bevollmächtigten, Anno von Cöln, und des papstes Alexander im auszuge mitgetheilt, und die vorgänge bei dem banne, der gegen Honorius ausgesprochen wurde, sehr detaillirt erzählt; wahrscheinlich begleitete er den abt Wenzel dorthin.

Vereinzelt bei gelegenheit der erzählung der merkwürdigen pilgerfahrt mehrerer deutscher bischöfe nach Jerusalem im jahre 1056 benutzte der verfasser auch Bamberger quellen. Dies lässt sich erkennen einmal an der vorliebe, mit welcher bischof Günther von Bamberg, der nach vollendetem zuge starb, von dem verfasser behandelt ist, sodann aber bezieht er sich beim beginn seiner erzählung ausdrücklich auf einen brief dieses bischofs. Den weiteren bericht empfieng er ohne zweifel von einem Bamberger cleriker, der den bischof genau kannte und ihn auf seinem zuge begleitete. Dass die grundlage der erzählung eine mündliche quelle ist, geht besonders aus einem vergleich dieses berichtes mit dem Lamberts von demselben ereigniss hervor. Beide stimmen in ihren grossen zügen ziemlich genau überein, weichen dabei aber in den einzelnen momenten in solchem masse von einander ab, dass die benutzung einer und derselben schriftlichen aufzeichnung als unmöglich erscheint, während, wenn beide ihre kunde von verschiedenen theilnehmern des zuges hatten, die abweichungen unter ihnen sich leicht erklären lassen. —

III.

Der verfasser der annalen war, wie bereits mehrfach erwähnt ist und klar aus allem hervorgeht, ein mönch in dem kloster Altaich und schrieb auch hier seine annalen. Ueber seine nationalität lässt sich mit bestimmtheit nichts feststellen, doch wird er wahrscheinlich ein Baier gewesen sein, da er den angelegenheiten dieses landes besondere aufmerksamkeit schenkte, die sich nicht bloss auf politische ereignisse beschränkte [1]). Mit einiger gewissheit können wir annehmen, dass er auch in Italien längere zeit gelebt hat, vielleicht in dem kloster Leno, wo Wenzel abt war, wenigstens verräth er beim jahre 1064 kenntniss von dem charakter der Norditaliener [2]). Auch in Rom selbst scheint er bekannt gewesen zu sein. Hierfür spricht eine genauere angabe über

---

[1]) cf. 1035. 1036. 1037.
[2]) cf. 1064. qui (W.) usum Langobardorum iam didicerat plane, quia multis verbis audacter minari soleant, quae tamen opere adimplere nullatenus audent.

die stadt im jahre 1062 [1]), wo er den kampf zwischen Alexander und Honorius erzählt. Im weiteren verlauf des kampfes berichtet er ein ereigniss, das in seiner relativen unbedeutendheit auf eine sehr detaillirte kenntniss dieser vorgänge hinweist. Ein solches ereigniss mochte sich einem augenzeugen wohl einprägen, konnte sonst aber nicht so leicht bekannt werden [2]).

Was die zeit der abfassung betrifft, so kann man in diesem punkte nur Giesebrecht beistimmen, der dieselbe noch vor den ausbruch des streites zwischen kaiser und papst setzt, also vor das jahr 1076. Giesebrecht führt als hauptgrund hierfür die eigenthümliche politische anschauung des verfassers an, auf die ich noch weiter unten zu sprechen komme, und die allerdings kaum nach dem ausbruch jenes streites noch möglich gewesen wäre. Doch macht die überlieferung dieses werkes in einer so späten abschrift es schwierig, zu einer festen entscheidung darüber zu kommen, ob der verf. mit dem jahre 1073 sein werk für vollendet ansah, oder ob ihn nur äussere gründe zwangen, im schreiben aufzuhören. Dass die letzten worte des jahres 1073 [3]) nothwendig in dem sinne gefasst werden müssten, als habe der verf. damit anzeigen wollen, dass sein werk hier abbreche, darf man nicht behaupten. Denn ähnliche ausdrücke finden sich auch inmitten des werkes [4]). Und dem inhalte nach kann es bedenklich scheinen, hier an einen freiwilligen abbruch zu denken. Mit dem ausdruck multa mala hat der verf. schwerlich nur

---

[1] 1062. Insuper et hoc illum animabat, quod fautores sui intra Urbem turrim Crescentii tenebant, insuper et aliam firmissimam turrim, quae est in ripa Tiberis iuxta pontem Olvii; einige zeilen vorher macht er die bemerkung: veniensque ultra Sutriam, quam nostri Sudrun vocant, in loco, qui Campus crassus dicitur; sie zeigt, dass ihm die italienischen namen wohl bekannt waren.

[2]) quidam vero, ad Tyberim festinantes, navem intravere, sed istis subsequentibus et uno tantum lanceam iaculante, cum unusquisque timeret sibi, in unam partem ratis constipantur cuncti, et nave reversata pene omnes suffocati sunt in aqua.

[3]) ac deinde mala multa in illa regione excreverunt.

[4]) nachdem der verf. a. 1060 die doppelte papstwahl erzählt hat, fügt er hinzu: initia dolorum haec.

an die unmittelbar folgenden ereignisse in Sachsen, wie die brechung der burgen gedacht; ohne zweifel liegt ihm der blutige kampf an der Unstrut zu grunde. Auch war die politische richtung des verf. kein hinderniss für die erzählung der begebenheiten bis zu diesem zeitpunkt, im gegentheil, er hätte gelegenheit gehabt, seinen hass gegen herzog Otto von Baiern noch reichlich zu befriedigen. Es ist daher sehr wahrscheinlich, dass der verf. durch äussere umstände, vielleicht durch den tod, an der vollendung seiner arbeit gehindert wurde.

Eine andere frage ist, in welcher art der verf. schrieb, ob mit den ereignissen gleichzeitig, oder in einem zusammenhängenden zuge. Mit recht entscheidet sich Giesebr. für das letztere. Er führt dafür die nicht so seltenen irrthümer an, die sich besonders in der datierung der ereignisse finden, und die sich leicht erklären, wenn wir annehmen, dass zwischen den ereignissen und dem schreibenden ein gewisser zeitraum liegt. Ausserdem sind es noch besonders zwei hauptpunkte, die auf eine zusammenhängende aufzeichnung hinweisen. Wenn der verfasser auch im ganzen sich streng an die form der annalen hält, so findet sich doch zuweilen eine zusammenfassende schilderung, besonders von der allgemeinen lage des reiches, und selbst auf erst in zukunft eintretende ereignisse deutet der verf. mit einigen allgemeinen worten hin [1]). Das schlagendste beispiel hierfür ist seine auffassung der schicksale und des charakters Ottos von Nordheim, worauf auch Giesebrecht bereits aufmerksam gemacht hat. Darauf, dass der verfasser erst nach dem jahre 1073 schrieb, weist sein ausdruck beim jahre 1069: sed quia eundem virum (der papst Alexander II.) novimus pium ac mitem *fuisse*. Alexander starb erst im anfang des jahres 1073.

Ferner spricht gegen eine den ereignissen gleichzeitige aufzeichnung der häufige irrthum, den der verf. bei angabe des orts, wo der könig weihnachten feierte, begeht; was bei einer gleichzeitigen aufzeichnung von einem sonst so wohl un-

---

[1]) cf. 1060. 1067. 1072.

terrichteten manne nicht wohl möglich gewesen wäre. Zugleich aber macht dieser umstand es wahrscheinlich, dass der verfasser sich nicht jahr für jahr notizen machte mit der absicht, sie später in einem vollständigeren werke zusammenzustellen, sondern sich vorzüglich auf sein gedächtniss und seine mündlichen quellen verliess.

Einen bestimmten plan oder zweck hatte der verf. bei abfassung der annalen wohl nicht vor augen. Er wollte nur mit hülfe aller ihm zu gebote stehenden mittel eine geschichte des reiches geben, so weit sie ihm bekannt war. Dabei ist er keineswegs ängstlich auf die gröstmögliche vollständigkeit bedacht. Viele wichtige reichsbegebenheiten, besonders in den früheren jahren, die er in seinen quellen vorfand, übergieng er gänzlich, vielleicht aus dem grunde, weil er in den späteren jahren, wo er als zeitgenosse aus eigener anschauung oder mündlicher überlieferung schrieb, von diesen theilen des reichs nichts zu berichten wusste. Auffallenderweise betrifft dies auch solche gegenden, die dem verfasser nahe genug lagen, um von den dortigen zuständen wenigstens in den wichtigsten punkten unterrichtet zu sein, wie Schwaben. Noch grösser ist die unkenntniss des verfassers über die verhältnisse im norden des reichs; die kämpfe mit den Slaven, an denen es auch während der regierung der fränkischen kaiser keineswegs fehlte, werden ganz übergangen; höchstens finden sich ein paar allgemeine bemerkungen dürftigster art über die kämpfe mit den Luitizen [1]. Ja selbst solche sächsische persönlichkeiten, die von dem grössten einfluss auf die angelegenheiten des reiches waren, wie der erzbischof von Bremen werden beinahe mit stillschweigen übergangen [2].

---

[1] cf. 1035 expeditio facta ad Luitizos. 1036: Imperator rediens de Luitizia, und ausführlicher 1056 und 1069.

[2] Den erzbischof Adalbert erwähnt der verf. nur einmal als vermittler zwischen Otto von Nordheim und dem kaiser a. 1071: cum saepe dictus Otto iam sentiret res suas non proficere, episcopum Adalbertum, quem prius offenderat, sibi conciliavit, eumque causae suae oratorem erga regem fore rogavit. Is ergo inter missarum sollemnia non cessavit tam diu pro eo agere, quousque regis gratiam meruit recipere praediaque sua ex integro possidere.

Die burgundischen verhältnisse scheinen dem verfasser durchaus unbekannt gewesen zu sein, nur graf Odo von Champagne wird einmal erwähnt bei gelegenheit einer verschwörung gegen den kaiser, im jahre 1037 u. 38. Gleichzeitige ereignisse in ländern zu berühren, die nicht zum reich gehörten, lag nicht in der absicht — und auch wohl nicht im vermögen des verfassers; ausser der bereits erwähnten nachricht über die schlacht bei Hastings erwähnt er ihrer nur dann, wenn sie in näherer verbindung mit dem reich oder dem papst stehn, so z. b. zweimal eine besprechung des deutschen königs mit dem könig von Frankreich [1]), und den kampf der Normannen mit Leo IX [2]).

Ausführlicher und eingehender sind die angelegenheiten des südöstlichen Deutschlands und der angrenzenden länder, so wie die züge der kaiser nach Italien und die dortigen zustände besprochen; neben ihnen werden noch die verhältnisse Lothringens näher berücksichtigt, besonders der kampf herzog Gottfrieds gegen kaiser Heinrich III. Man sieht, wie sehr der verf. von seinen quellen abhängig gewesen ist; eine bewusste eigene thätigkeit in sonderung des ihm überlieferten hat er nicht geübt, die grossen lücken in seiner erzählung nicht zu ergänzen gesucht. — Es lassen sich in seiner darstellung leicht mehrere hauptabschnitte unterscheiden, um die sich die andern ereignisse gruppieren. Aus der regierung Conrads II. finden nur die letzten unternehmungen des kaisers in Italien nähere ausführung. Dann sind es die verhältnisse zu den Ungarn und Böhmen, an die sich vereinzelte bemerkungen über polnische begebenheiten anschliessen, darauf folgt der kampf gegen Gottfried von Lothringen und dessen verbündete. Diese beiden ereignisse füllen die ganze regierungszeit Heinrichs III. aus. Unter Heinrich IV. gewährt in den ersten jahren vorzüglich der kampf zwischen Honorius und Alexander den hauptstoff der erzählung, nur dass die ungarischen wirren noch einmal zu ausführlicher beachtung kommen, in den letzten jahren bietet ihm Otto von

---

1) a. 1053. 1056(
2) a. 1053.

Nordheim den faden dar, dem er ganz folgt, indem beinah alle ereignisse in eine verbindung mit diesem gebracht werden. Der eigentlichen localgeschichte gewährt der verfasser nur wenig raum. Die kämpfe mit dem östlichen reiche waren damals eine der wichtigsten reichsangelegenheiten und für die politik der deutschen könige von grosser bedeutung. Der verf. war daher in gutem recht, wenn er sie so ausführlich darstellte, als seine quellen erlaubten.

Immer wird der allgemeine gesichtspunkt der reichsgeschichte festgehalten, sorgsam merkt der verf. die reichstage an, die belehnung der fürsten u. dgl., wodurch er seine oft in die ferne gehenden erzählungen wieder an das centrum des reiches anschliesst. Hauptsächlich dient ihm hierzu der könig. Mit grosser regelmässigkeit beginnt er jedes jahr mit angabe der stadt, wo der könig weihnachten gefeiert hat, gibt überhaupt genau an, so weit seine kenntniss reicht, an welchen orten der könig die hohen feste verlebt habe, und folgt ihm deshalb auf seinem zuge durch das reich.

Die beschränkung der erzählung auf bestimmte gegenden findet aber keine anwendung auf die zahlreichen notizen über kirchliche angelegenheiten, besonders über den wechsel der bischöfe und äbte. Hier liefert Sachsen eine grosse zahl: Paderborn, Merseburg, Halberstadt, Minden, Hildesheim, Magdeburg; dann werden die hauptsitze kirchlichen lebens in Mittel- und Süddeutschland erwähnt: Hersfeld, Fulda, Cöln, Mainz, Trier, Speier, Regensburg, Augsburg, Bamberg, Constanz; ferner zahlreiche italienische bischofssitze: Ravenna, Trident, Treviso, Verona, Aquileia. — Gewöhnlich sind derartige notizen an das ende des betreffenden jahres gestellt.

Was die anordnung der einzelnen begebenheiten betrifft, so ist bereits erwähnt worden, dass der verfasser, der vielfach ereignisse erzählt, die sich eine reihe von jahren hinziehen, ängstlich bemüht ist, den zusammenhang in diesen ereignissen, der durch die annalistische form etwas in gefahr kam, gelockert zu werden, aufrecht zu halten. Er fügt zu diesem zwecke häufig verbindende ausdrücke ein, wie praedictus, praememoratus, ut diximus ¹). Im ganzen ist ihm dies auch gelungen, obgleich nicht überall; in vielen fällen ist der zusammenhang nur sehr äusserlich, das innere motiv der ereignisse bleibt ihm fremd.

Bei dieser freieren behandlung der annalistischen form ist es eigenthümlich zu sehn, wie sehr der verf. danach strebt, innerhalb der einzelnen jahre durchaus chronologisch zu verfahren. Beispiele hierfür geben die berichte im jahre 1041, wo der böhmische krieg durch die vorfälle in Ungarn unterbrochen wird, im jahre 1069 u. a.

Wenngleich damals, als der verfasser wahrscheinlich schrieb, der heftige streit zwischen dem königthum und papstthum noch nicht ausgebrochen war, so gab es doch innerhalb der reichsverhältnisse gegensätze genug, die eine bestimmte parteistellung eines autors veranlassen konnten. Der alte gegensatz zwischen der königlichen macht und den territorialen gewalten, wie oft auch scheinbar erloschen, dauerte ungeschwächt fort, und grade die zeit Heinrichs IV. war für ihn von entscheidender Bedeutung. Die immer selbständiger gewordene gewalt der herzoge hatte sich bereits so weit von ihrem ursprunge entfernt, dass selbst ein offener kriegerischer gegensatz gegen den könig weniger wie der ungehorsam des beamten gegen seinen herren angesehen wurde, als wie ein politischer gegensatz, der gewissermassen gleiche berechtigung für sich in anspruch nehmen konnte. Zwischen diesen gegensätzen musste sich unser annalist entscheiden. Die wahl konnte ihm nicht schwer werden. Mit geringen ausnahmen stand die deutsche geistlichkeit auf seiten des königs, an dem sie gegen die ansprüche, welche die herzoge auch in beziehung auf die kirchlichen verhältnisse ihres landes erhoben, einen anhalt fanden. Besonders war dies in Baiern der fall, des-

---

¹) Hierher gehört auch, dass dieselbe sache oft doppelt berichtet wird, wenn auch das eine mal gewöhnlich nur kurz hinweisend cf. 1062: Attamen, priusquam urbem intrasset, supervenit huic perturbationi dux Gotefridus, qui dudum post mortem imperatoris in Italiam fuerat reversus et connubio iunctus viduae Bonifacii maximus habebatur in illis partibus regni — 1067: igitur dux G., qui viduam B. in matrimonio habebat, rege permittente, ut iam diximus, per fines Italos principatum administrabat.

sen herzog oft eine gewalt auch über die geistlichen ausgeübt hatte, die von diesen entschieden bekämpft worden war. Auch der Altaicher mönch macht von dieser stimmung der geistlichkeit keine ausnahme. Er steht durchaus auf seiten des königs und vertritt bei dessen kampfe mit den unzufriedenen grossen die rechte des königtbums. Dies zeigt sich besonders bei dem grossen kampfe Gottfrieds von Lothringen und seiner verbündeten gegen Heinrich III. und später bei dem verhältniss Ottos von Nordheim zu Heinrich IV. Das verfahren Gottfrieds, gegen den er keine besondere erbitterung zeigt, nennt er einen betrug, und seine herrschaft eine tyrannis, ja spricht sogar von einer heidnischen anfeindung [1]). Einen ganz besondern groll hegt der verf. gegen Otto von Nordheim, der sich nicht bloss aus dessen antikaiserlicher gesinnung erklärt, sondern zum grösseren theil wohl in dem verhältniss des herzogs zu Altaich seinen grund hat. Er verfolgt alle handlungen des herzogs mit argwönischen augen und sucht überall feindselige und verräterische absichten zu erkennen [2]). Der anklage Eginos misst er vollen glauben bei, ja er begründet sie durch eine nachricht, die wir allein bei ihm finden, von einem früheren mordversuch Ottos auf den könig, der jedoch missglückte und verborgen blieb, bis er später von Egino zur sprache gebracht wurde. Auch an zahlreichen andern stellen findet der verf. gelegenheit, seine verehrung des königs im gegensatz zu den grossen des reichs auszudrücken. So tadelt er zweimal, als der könig an einer heftigen krankheit darniederlag, das benehmen der fürsten, die schon auf eine erledigung des thrones hoff-

---

[1]) 1044: Itaque interdicto utroque ducatu domum rediit et *fraudem*, quam pridem clam conflarat, tandem aperte contra regnum et regem exercuit.

1045: peractis feriis, vocato exercitu ex illius partibus, pergit *tyrannidem* eius opprimere suosque defendere a *gentili* infestatione.

[2]) Den bericht von der gesandschaft Ottos nach Italien im jahre 1068 und seiner zusammenkunft mit Herzog Gottfried schliesst der verfasser so: fuere tamen, qui iam tunc inciperent suspicari et dicere, quoniam vir ille regi non esset fidelis perfecte et idcirco in Italia mansisset, si vel ducem Gotefridum vel alium aliquem socium consilii sui posset adsciscere.

ten und ehrgeizige pläne verfolgten [1]). Ein scharfes urtheil über die fürsten während der minderjährigkeit Heinrichs IV. fällt der verf. zum jahr 1060, weil dieselben die grosse jugend des königs und die schwäche seiner mutter benützten, um aus habsucht das recht zu beugen [2]). Auch schiebt er den mangel einer ordentlichen erziehung des königs, und die traurigen folgen, die dieser umstand für das reich hatte, wesentlich auf rechnung der fürsten, die nur auf ihren eigenen vortheil bedacht wären [3]).

Trotz dieses entschieden königlichen standpunktes ist der verfasser doch nicht gesonnen, jedem acte des königs beizustimmen. Mit grosser freimüthigkeit tadelt er ihn da, wo ihm des königs benehmen grund dazu zu bieten scheint, was allerdings bei Heinrich III. nicht vorkommt, wozu aber der jugendliche leichtsinn Heinrichs IV. öfter anlass gab. So billigt er es nicht, dass der könig nach der entdeckung einer verschwörung von 12 fürsten gegen ihn es aus furcht nicht wagte, dieselben zur rechenschaft zu ziehn [4]). Denn obwohl dieser tadel nicht direct ausgesprochen wird, liegt er doch in dem folgenden angedeutet, wo er seine entschiedene missbilligung der vom könig beabsichteten trennung von seiner gemahlin nicht verhehlt [5]). Dass der könig im jahre 1068 sei-

---

[1]) 1066. Quibus diebus rex iam adeo coepit infirmari, ut penitus de eo desperassent medici et quidam principum spe et cupiditate iam occupassent solium regni. Sed agente divina clementia rex, qui castigando salubritur castigatur, citius sanitati restituitur, sicque spes iniqua corvorum hiantium deluditur. Ganz ähnlich ist eine erzählung am schluss des jahres 1035, wo die fürsten bei einer krankheit des königs ebenfalls an eine neue besetzung des thrones denken.

[2]) rex enim puer erat, mater vero utpote femina his et illis consiliantibus facile cedebat, reliqui vero palatii praesidentes omnes avaritiae inhiabant, et sine pecunia ibi de causis suis nemo iusticiam inveniebat, et ideo fas nefasque confusum erat.

[3]) 1062. rex igitur iam adolescere incipiebat, palatio autem presidentes sibimet ipsis tantum consulebant, nec regem quisquam quod bonum iustumque esset, edocebat, ideoque in regno multa inordinate fiebant.

[4]) 1069. quos tamen rex interim dissimulavit se scire, quia incautum sibi videbatur fore, tot regni primates inimicos simul adsumere.

[5]) ibid. *Aliam* autem inrationabilem causam ipsis diebus cepit

nen plan nach Italien zu ziehen aufgibt, erfreut sich gleichfalls nicht seiner beistimmung ¹). Dem benehmen des königs im jahre 1073 gegen die sächsische gesandschaft misst der verf. zum theil wenigstens die schuld am ausbruche des krieges bei. Dass er kein wort des tadels für die gewaltsame entführung des königs im jahre 1062 hat, erklärt sich aus seiner kirchlichen gesinnung, da der erzbischof Anno hierbei eine grosse rolle spielte. — Das wahre wohl des reiches erblickt er in dem einträchtigen zusammenwirken des königs und der grossen, und ebenso, wie er die fürsten verurtheilt, wenn sie in selbstsüchtiger politik gegen den könig sich erheben, so erkennt er es anderseits als pflicht des königs an, in gemeinschaft mit ihnen für das wohl des reiches zu sorgen. Er hebt hervor, wie bei allen schwierigen fragen der innern und äusseren politik der könig die entscheidung nur mit dem rath der fürsten trifft ²). Als daher Heinrich IV. in den ersten jahren seiner selbständigen regierung die gewohnte bahn der reichsregierung verlassen zu wollen schien, und anstatt die fürsten zu den geschäften heranzuziehen, sich an leute geringern standes wandte, tadelt er dies entschieden,

---

moliri, quae Deo prohibente non potuit perfici. Inlicitis enim concubinarum amplexibus adhaerere solebat et idcirco reginam, quam consortem regni legaliter duxerat, penitus abiicere cogitabat. Auxit autem hanc eius iniquam voluntatem episcopi Moguntini confortatio.
¹) 1068. facile persuaserunt regi, pueriliter utpote multa consideranti, in Saxoniam redire.
²) 1041: diebus rogationum principum conventum in Saligenstadt vocavit, concilium habiturus, qualiter dedecus suum esset correcturus.
1042. Pascalem agnum deinde rex noster Coloniae victimavit, et principes totius regni congregavit; consilium quaerens eorum, qualiter obviare deberet gestis Ungrorum.
1045. rex tractans cum optimatibus, ut obviam iret conatibus Gotefridi.
1050. Post haec dolens, sibi a pessimis quibusdam praereptam Ungariam — in Nuorenberg suo fundo principes convocat Baioariae totius, quid super his ageret, consulturus.
1061. filium autem eius sororemque propriam abduxit secum in Franciam, donec pertractasset sapienti consilio principum suorum, qualiter ipsis recuperaret, quod amiserant, regnum.

und entschuldigt die fürsten, wenn sie sich deshalb vom hof und den geschäften entfernt hielten [1]). Was den kirchlichen standpunkt des Altaicher mönches betrifft, so stellt er sich entschieden als einen anhänger der strengeren partei dar, die damals durch die Cluniacenser überall zu neuem leben geweckt war, und ihren hauptförderer ja in Heinrich III. fand. Aus dieser stellung Heinrichs erklärt es sich, dass der verfasser für die strenge und selbständige haltung, die dieser kaiser auch dem papst und der kirche gegenüber einnahm, kein wort des tadels hat. Mit dem tode Heinrichs III. aber tritt hierin eine veränderung ein; dem jungen Heinrich IV. konnte eine solche autorität in kirchlichen dingen nicht zustehn, und als das schisma zwischen Alexander und Honorius ausbrach, trägt unser autor kein bedenken, partei gegen den letzteren zu ergreifen, obwohl derselbe doch zuerst die königliche bestätigung erhalten hatte. Der grund, der ihn auf Alexanders seite treten lässt, ist der, dass er von ihm eine strengere kirchenzucht erwartete [2]). Denn der verfasser zeigt sich überall als ein heftiger feind der simonie und benutzt augenscheinlich ein jahr, wo er wenig anderes zu berichten hatte, zur erzählung einer reihe von beispielen der simonie, nicht wie er ausdrücklich hinzufügt, aus schmähsucht, sondern um andern ein warnendes beispiel vor die augen zu stellen [3]). Doch geht seine

---

[1]) 1072. Igitur per longum iam tempus potentes quosque rex ceperat contemnere, inferiores vero divitiis et facultatibus extollere et eorum consilio, quae agenda erant, amministrabat, optimatum vero raro quemquam secretis suis admittebat, et quia multa inordinate fiebant, episcopi, duces aliique regni primores de regalibus se subtrahebant.

[2]) cf. 1064. Alexander autem ad synodum promptus occurrit, quoniam regulis ecclesiasticis in omnibus semper obedire studuit.
1071. Alex. autem papa — utrosque illos anathematizavit, illum quidem, quia semel susceptum regnum pontificatus deposuit se nesciente, hunc autem, quia seniore suo vivente et per heresim symoniacam hoc ausus fuerat usurpare. — vgl. ferner die absetzung des bischofs von Constanz, der ebenfalls durch simonie sein amt erlangt hatte: qui (Alex.) ut erat strenuus in rebus ecclesiasticis, vergl. überhaupt die einzelnen beispiele von simonie im jahre 1071 und das verhalten des papstes dazu.

[3]) 1071. extr. Haec autem deo teste non scribimus studio detrahendi,

vorliebe für Alexander nicht so weit, dass er ihm zu liebe solche nachrichten, die ihm nicht zur ehre gereichten, verschwiege. Gleich im jahre 1060 erzählt er, dass auch Alexander durch geld die gunst der vornehmen gewonnen habe [1]), und selbst auf dem concil zu Mantua erscheint Alexanders vertheidigung mehr sophistisch als in allen dingen der wahrheit entsprechend.

Hier ist auch der ort, von einer besonders charakteristischen eigenthümlichkeit des verf. zu reden. Dem ganzen mittelalter lag es nah, auch in rein weltlichen angelegenheiten die eingreifende hand gottes zu sehn, und in dem schicksal von völkern und königen göttlichen lohn oder strafe ausgesprochen zu finden. Kein geschichtsschreiber des mittelalters ist hiervon ganz frei, aber bei wenigen erreicht diese anschauung eine solche höhe, wie bei unserm autor. Während siege über die feinde und errettung aus gefahren als besondere gunst gottes erscheinen [2]), müssen andererseits unglücksfälle und niederlagen als strafen gottes erkannt werden. Die geschichte der Ungarkriege bietet hierfür zahlreiche belege. Als könig Petrus der gemahlin seines vorgängers Stephan die ihr vorbehaltenen rechte weigert und deshalb in ernstlichen conflict mit seinen grossen geräth, heisst es beim jahre 1041 [3]): Als er aber auf ihre worte durchaus nicht achtete, kam durch gottes gnade die zeit, in der seine ruchlo-

---

sed quia confidimus hoc aliquibus fore ad exemplum cavendi, ne quis deceptus frivola spe huius mundanae exaltationis et sibi per heresim Deo odibilem mercetur intollerabile dedecus turpissimae deiectionis et in futuro penas perpetuae damnationis.

[1]) quosdam etiam potentiores data pecunia ad hoc inliciebat.

[2]) Die vereitelung der zahlreichen verschwörungen gegen den kaiser wird meistens unmittelbar auf gott zurückgeführt, cf. 1055: Quod vero Deo amabilem principem divina providentia defendat semper et muniat, hinc, qui velit, colligat. Es folgt nun der plan der verschworenen, und dann bemerkt der verf.: potuit miserabile facinus perpetrari, scilicet nisi hoc Deus ut casses comminuisset aranearum, quoniam non est consilium neque fortitudo contra Deum.

[3]) Quod cum parvipenderet, et nihil eorum, quae dicebantur, intenderet, tempus advenit dei gratia, quo eius terminaretur nequitia, ut scribit quidam sapientissimus: ante ruinam exaltatum cor eius.

sigkeit ein ende finden sollte, wie ein weiser mann schreibt: hochmuth kommt vor dem fall; und ganz ähnlich in demselben jahre beim beginn des feldzugs gegen die Böhmen, gegen welche Heinrich bei seinem regierungsantritt unglücklich gekämpft hatte [1]): könig Heinrich demüthigte sich mit allen seinen grossen vor gott, mit dem propheten mit herz und mund sprechend: gut ist es mir, herr, dass du mich demüthigst, indem er jenes wort der schrift beherzigte: der herr bessert durch züchtigung den sohn, den er liebt. Darum sah der gerechte richter über alle, der keinen sünder ungestraft lässt, unsere demuth und jener übermuth an, und wie er uns erhob durch die widerwärtigkeit des leidens, so verwarf er früher (?) jene durch ihr glück. Im folgenden jahre wird eine niederlage, welche die Baiern von den Ungarn erleiden, so motivirt [2]): Weil unsere sünden es forderten, hat uns die göttliche strafe heimgesucht. Weiterhin heisst es [3]): aber sie besiegten jene leicht, weil sie den herrn als hülfe hatten. Ein wunderbares eingreifen des göttlichen willens in die menschlichen verhältnisse liegt in den worten (a. 1044) [4]): darauf richtete der kaiser, von ihnen überredet, aber noch mehr, wie es sich nachher zeigte, auf göttlichen befehl seine macht nach jenen gegenden, und noch deutlicher einige zeilen weiter [5]): aber er hatte dies gethan gegen den rath beinah al-

---

[1]) Rex autem Heinricus cum omnibus suis principibus humiliavit se Deo, cum propheta dicens ore et animo: Bonum mihi, Domine, quod humiliasti me, illam scripturam semper meditans, quod dominus corripit castigando, corripit omnem filium, quem recipit. Hinc iustus iudex omnium, nullum reorum impunitum dimittens, nostrorum humilitatem respiciens ac illorum protervitatem, quatenus nostros elevavit passionis adversis, tantum illos deiecit prior prosperis. Ich vermuthe, dass die letzten worte so nicht richtig sind; sie geben in der that keinen vernünftigen sinn: statt prior sollte man erwarten prius oder stände etwa prior in der bedeutung: der mächtigere?

[2]) Sed quod nostris peccatis exigentibus divina vindicta tunc in nobis perpetravit etc.

[3]) Sed et illos facile vicerunt, quia dominum adiutorem habere meruerunt.

[4]) Denique caesar, ab iis persuasus, sed plus, ut postea patuit, iussu divinitatis instinctus, iter suum ad illa loca disposuit.

[5]) Sed et hoc fecerat praeter consilium paene omnium suorum subdi-

ler seiner untergebenen, und darum muss man glauben, dass gott ihm das eingegeben hat, was er vor aller welt als künftig geordnet hatte. Noch in demselben jahre wird die niederlage der Ungarn für ein strafgericht gottes [1]) erklärt, der es nicht habe dulden wollen, dass diese bewegung früher ein ende finde, als bis ihre urheber mit blut dafür gebüsst hätten. Und zugleich macht der verfasser diese niederlage zu einer warnung für die übrigen völker, nicht dem herrscher die gebührende ehre zu versagen. Auch in dem tode oder unglück einzelner menschen sieht der verf. zuweilen ein göttliches strafgericht; so wird im jahre 1071 der tod eines gewissen Luitpold in dieser weise erklärt [2]), und ganz ähnlich wird die verletzung einer person durch eine herabstürzende tischplatte durch die schmähungen motivirt, die sie gegen den heiligen Remaclus ausstiess, als die mönche von Stablo diesen nach Lüttich an den hof des königs brachten [3]). Der sturz Ottos von Nordheim war nach dem glauben einiger die folge seiner besitznahme von Altaich [4]).

torum, ideoque credendum, Deum menti illius inspirasse, quod ipse ante saecula praedestinaverat futurum esse.

[1]) Sed Deus, qui nihil dimittit impunitum, quod suis oculis videtur iniquum, iusticiam convertens in iudicium, omnem illorum intentionem redegit in nihilum et, quicquid ad nostrorum instituerant deceptionem, translatum est in eorum perditionem. Dignum hoc quoque fuerat Dei iudicio, ut non prius reconciliaretur illa regum commotio, quam illorum multo expiaretur cruore, quorum incepta est furore, quia, quisquis gladium acceperit, gladio, sicut dicit ipsa veritas, peribit. Caeteris etiam gentibus per latum orbis spatium degentibus exemplum de istis dignatus est rex regum dare, qualiter primates suos et maxime reges debeant honorare, cum non sit potestas, nisi a Domino, ut testatur sancta lectio.

[2]) Nec diu post idem tempus Luitpoldus letabatur, quia res sanctae Mariae inquietare moliebatur.

[3]) Illis autem recedentibus mirabili modo ruptis pedibus, qui firmissimi videbantur, mensa ad terram decidit et unum de circumstantibus, qui et contra sanctum Dei latraverat, opprimens, tibiam eius confregit.

[4]) Fuere etiam, qui crederent, idcirco illum de tanto dignitatis culmine cecidisse, quoniam locum ipsum subiugasset servituti suae, quod nullum praecessorum unquam audierat fecisse.

Mit dieser beziehuug menschlicher ereignisse auf die gedanken gottes ist eng verbunden die neigung zu einer übernatürlichen erklärung geschichtlicher begebenheiten, die sich in erzählung von wundern ausspricht. Ich meine hier nicht solche wunder, wie sie sich bei allen schriftstellern des mittelalters finden, krankenheilungen an wunderthätigen gräbern u. dgl., diese haben nichts auffallendes und finden sich auch in unsern annalen an mehreren stellen. Jene dagegen greifen entweder in den gang der ruhigen erzählung ein und motiviren das folgende, oder begleiten als besondere göttliche zeichen die irdischen geschicke [1]).

Es ist beachtenswerth, dass dergleichen erklärungen historischer ereignisse in den jahren, denen der verfasser näher stand, seltener werden, auch finden sie sich besonders in den nachrichten über die Ungarkriege, und man kann vielleicht einen einfluss der volkssage und tradition auf den verfasser annehmen, die in Baiern nicht verfehlt haben werden, sich dieses gegenstandes, der das ganze land so sehr berührte, zu bemächtigen.

Sehr zahlreich finden sich ausdrücke, wie deo adiuvante,

---

1) Hierher gehören folgende stellen a. 1044: igitur eo die, cum vellent confligere, ut supra diximus, uterque populus tantum progressus, ut facilis invicem esset prospectus, tenuis nubecula, id est coeleste signum apparuit iis.

a. 1050 bei befestigung von Hainburg gegen die Ungarn: coeleste etiam signum ibi non defuit, scilicet proeliantibus illis turtur mirae pulchritudinis muros circumvolitavit.

a. 1065 auf der pilgerfahrt nach Jerusalem gerathen die bischöfe in Tripolis in gefahr ermordet zu werden: Sed hoc iniquis meditantibus, divina clementia Domini non defuit in se confidentibus. Confestim ergo de mari, quod civitatem ex una parte inundabat, nubes quaedam tenebrosa ascendebat, ex qua fulgura et choruscationes cum tonitru et horrore nimio procedebant. Cumque tempestas haec usque ad sextam alterius diei extenderetur et mons undarum marinarum plus solito elevaretur, ipsi pagani necessitate constricti vociferabant inter se, civitatem ipsam simul cum plebe quantocius in abissum dimergendam fore, Deo christianorum pro suis pugnante. Quo metu mortis dux ille ab intentione animi sui revocatur moxque maris commotio placatur, christianis abeundi facultas conceditur.

agente Dei clementia, Deo gratias, Deo prohibente und ähnliche, auch zeigt sich eine grosse neigung, citate aus der heil. schrift anzubringen [1]). Einen ganz eigenthümlichen charakter trägt der beginn des jahres 1065, wo der pilgerzug nach Jerusalem wie eine art erfüllung einer weissagung im buche des Jesaias erscheint [2]). Die sprache des verfassers hat manches merkwürdige. Vor allen dingen fällt eine gewisse schwerfälligkeit auf, die sich sowohl im satzbau, als auch in der wahl der worte zeigt, und wodurch die gedanken nicht selten etwas unklar werden [3]). Charakteristisch ist auch eine gewisse beschränktheit in der wahl der ausdrücke. Bei ähnlichen gelegenheiten liebt es der verfasser, genau dieselben wendungen zu wiederholen. Dies zeigt besonders der bericht von einer krankheit des königs a. 1045 u. 1061. Auch hervorragende geistliche schildert der verf. mit fast den gleichen zügen, so dass man solche schilderungen wohl umtauschen könnte, ohne den sinn irgendwie zu alteriren [4]). Bei todesfällen wiederholen

---

[1]) cf. 1068: sed quia scriptum est: corrige sapientem et diliget te u. a.

[2]) Igitur fides catholica iam longe latcque florebat, omnia oracula prophetarum, quae ante adventum Christi admodum pauci intelligebant, iam eo nato et passo cunctis credentibus luce clarius liquebant, inter quae videbatur et illud esse completum: Et erit sepulcrum eius gloriosum.

[3]) cf. 1137: Mediolensis episcopus, cum invidiose quasi ad convivium invitans, occulte voluit perdere, sed malitiae suae diffamatus a pessimo incepto condigne est frustratus. Hiermit kann man auch die stelle a. 974 vergleichen: et hoc quidem infaeliciter fuit disputatum, ut si divina misericordia non provideret, pene tota Europa destituta atque deleta esset.

1050: Sed quia hoc Dei inspiratione consilium dederunt, postea eius auxilio in re fortiter *conprobaverunt*.

1047: Domum in Niumago impletam aedificiis circumstantium villarum.

1047: Hinc iustus iudex omnium, nullum reorum impunitum dimittens, nostrorum humilitatem respiciens ac illorum protervitatem, quatenus nostros elevavit passionis adversis, tantum illos deiecit prior prosperis.

[4]) cf. 1065 die schilderung bischofs Günther mit der von abt Wenzel a. 1068.

sich dieselben wendungen häufig cf. 1056, 1065, 1067. Derartiger stellen liessen sich noch mehr anführen. Sie scheinen indessen weniger die folge von unbeholfenheit im ausdruck gewesen, als vielmehr angewandt worden zu sein, weil sie der rede einen mehr epischen charakter verliehen. Eine gewisse hinneigung zu poetischem ausdruck finden wir mehrfach bei dem verf.; wenn er eine begebenheit erzählt, an der sein herz besondern antheil nimmt, gewinnt die rede einen höheren schwung, und geht nicht selten in reimprosa über [1]). Besonders zeigt dies die erzählung der Ungarkriege;

---

[1]) Aus der grossen zahl von stellen, die hier angeführt werden könnten, setze ich nur einige her:
1041: Stephano demum vita decedente
   et Petro eius gratia in regno succedente,
   fides ipsius patuit,
   quae prius quasi bona latuit.
ib. Haec omnia propter divinam bonitatem
   nostris evenere ad utilitatem,
   qui sex ebdomadarum spatio
   cum omni abundantia conservati sunt in regno.
ib. Sed cum sepius esset amonitus,
   mala mens et malus animus
   in pertinacia perduravit finetenus.
ib. Quod cum parvipenderet
   et nihil eorum, quae dicebantur, intenderet,
   tempus advenit Dei gratia,
   quo eius terminaretur nequitia,
   ut scribit quidam sapientissimus:
   ante ruinam exaltatum est cor eius,
   quia nullo modo voluit consentire,
   nec super hac re ullum ultra verbum dignabatur audire.
ib. Quod ut audierunt,
   mox eum comprehendentes interfecerunt,
   ipsum in frusta concidentes,
   et duobus parvulis eius oculos eripientes.
Aus den folgenden jahren liessen sich noch zahlreiche beispiele anführen; ich begnüge mich mit einem aus dem jahre 1045:
   Episcope, quo proficisceris,
   meae potestatis es et eris,
   qui quamquam nunc tibi nihil ago,
   in futurum tamen obviabo.

einen ganz eigenthümlichen aufschwung auch ein bericht über einen aufstand der bairischen grossen in den jahren 1068 u. 1069. Hier ist ein dichterisches moment nicht zu verkennen, das sich sowohl in der sprache, wie auch in der auffassung des ereignisses zeigt. Einen rythmischen ausgang der sätze und parallelismus der glieder sucht der verfasser beinah durchgängig [1]), wenn irgend möglich, festzuhalten; hierzu finden sich fast auf jeder seite beispiele.

Die verbindung der sätze und grösseren absätze innerhalb eines jahres ist sehr stereotyp. Ein lieblingswort des verfassers, womit er gern den satz und oft sogar den ersten des jahres beginnt, ist igitur, auch wohl ergo, oder beide verbunden. Der übergang von einer erzählung zur andern geschieht in sehr allgemeiner weise durch ausdrücke wie his temporibus, ipsis ergo diebus, temporibus ipsis, hoc anno u. dgl.

Der werth, den ein autor für uns als historische quelle besitzt, hängt einmal von der reichhaltigkeit seines inhaltes und sodann von dem grade der glaubwürdigkeit ab, die er verdient. Was ersteres betrifft, so ist aus allem gesagten schon deutlich, dass der Altaicher mönch unsere kenntniss dieser zeit nicht unwesentlich bereichert. Allerdings gewinnen wir aus ihm kein vollständiges bild der reichsgeschichte damaliger zeit, dazu ist das werk zu ungleichmässig in seinen berichten über die verschiedenen theile des reiches, aber viele bisher wenig genau gekannte verhältnisse und ereignisse werden hier eingehender erzählt. Dahin gehören vor allem die

---

[1]) Einige beispiele mögen genügen:

1037: unde provocatus exercitus, circumquaque per regiones diffusus, hinc inde advenerunt, cede et igne urbem vastaverunt.

1042: nam quanta regi suisque sequacibus fuit prosperitas, tanta duci et suis conmilitonibus obviavit austeritas.

1069: tunc igitur militibus ducis, quod sibi iussum erat, conantibus et verborum contumelias, unde litis initium fieret, iaculantibus, moxque his et illis: arma, arma! conclamantibus, Chuononi citius socii in armis adstiterunt sicque temere cepta facile quieverunt.

1173: urbem illius Heimburg dictam obsiderunt eamque in deditionem susceptam destruxerunt, villas quasdam succenderunt ac deinde multa mala in Saxonia excreverunt.

beziehungen der kaiser zu Italien, die Ungarkriege Heinrichs III. und ihre fortsetzung unter Heinrich IV., die streitige papstwahl und ihre folgen in den 60er jahren und in den letzten jahren die geschichte Ottos von Nordheim. Die bedeutung dieser nachrichten erhellt auf den ersten blick, und es ist nichts weiter hinzuzufügen nöthig.

Nicht ganz so einfach steht es mit der glaubwürdigkeit des verfassers. Ich gehe die einzelnen ereignisse durch, um zu zeigen, in wieweit wir seine nachrichten als begründet ansehn dürfen. Vieles hängt hier natürlich von den quellen des verf. ab und von der art und weise ihrer benutzung. Wo er dieselben wörtlich abschrieb, wie im beginn der annalen bis in die regierung Conrads II. hinein die regel ist, haben wir es nicht mit ihm selbst zu thun. Erwähnt muss nur werden, dass der verf. bei dieser compilation mit ziemlicher flüchtigkeit verfuhr. So benutzte er beim jahre 748 eine nachricht der kleinen Lorscher annalen und zog hier die ereignisse mehrerer jahre in eins zusammen, im folgenden jahre gibt er dann eine nachricht, die er den Hersfelder annalen entnahm, ohne zu bemerken, dass diese schon in dem aus den ann. Lauriss. min. entnommenen enthalten war [1]). Eine ähnliche wiederholung findet sich noch öfter, so wird die hinrichtung des fränkischen grafen Adalbert zweimal erwähnt [2]); der untergang der herzöge Eberhard von Franken und Gisilbert von Lothringen doppelt und zwar verschieden berichtet [3]), ebenso die gefangennahme Berengars durch

---

[1]) *Ann. Laur. min.* 748: Gripho frater Pippini in Saxonia aufugit. 750: idem Gripho non credens se Saxonibus et Francis de Saxonia Baioariam petit, Baioarios et Hiltrudem, sororem Pippini, una cum Thassilone filio parvulo acquisivit.

Ann. Alt. 748: Gripho fugit in Saxoniam, inde fugiens petiit Baioarios et Iliitrudem, sororem P., cum Tass. filio parvulo acquisivit. 749: G. reversus de Saxonia.

[2]) 907: Adalbertus comes decollatus est a Ludovico rege, qui fuit filius Arnolfi. 908. Adalperht comes occisus est.

[3]) 938: Eberhard et Gisalperht occisi. 939: Eb. occisus est, Giselbertus submersus.

Otto I.[1]) und der brand von Pavia [2]); es erklärt sich dies aus der benutzung verschiedener quellen. Der erste grössere zusammenhängende bericht des verf. ist über die letzten züge Conrads II. in Italien, und gleich hier stossen wir auf ernste bedenken gegen die glaubwürdigkeit des erzählten. Wir sind über diese züge Conrads aus den ann. Hildesheim. und aus Wipo (SS. XI. p. 252. c. 34.) ziemlich genau unterrichtet, und obgleich unser autor sich gelegentlich mit ihnen berührt, so weicht er in nicht unbedeuten punkten ab. Wipo bringt die ganze angelegenheit richtig mit dem kampf der valvassores in verbindung und lässt den conflict mit dem erzbischof von Mailand von einer anklage italischer grossen ausgehn. Die auffassung des Altaichers ist durchaus verschieden. Nach ihm geht der streit vom erzbischof aus, der den könig zu ermorden sucht, und nachdem ihm sein erster plan missglückt ist, wiederholt anschläge zu demselben zweck macht. Der kampf gegen die stadt Mailand wird gar nicht erwähnt. Der verf. zeigt sich von diesen vorgängen doch nur ungenügend unterrichtet. Der gegensatz, in den Aribo schon früher mit dem kaiser gerathen war, so wie die innern kämpfe in Oberitalien sind ihm ganz fremd. Die darstellung trägt einen vielmehr persönlichen als staatlichen charakter, indem sich alles an die pläne des erzbischofs gegen den kaiser knüpft. In diesen plänen ist der verf. ziemlich ausführlich, die anderen quellen enthalten darüber nichts genaueres. Wahrscheinlich hatte unser autor seine nachrichten von einem mönch aus kloster Leno, welcher für politische begebenheiten kein rechtes verständniss oder interesse hatte, vielleicht aber einen persönlichen hass gegen den erzbischof, was bei der mächtigen stellung und dem herschsüchtigen charakter dieses prälaten leicht begreiflich ist. Unbedingten glauben werden wir daher diesem bericht in keinem falle schenken dürfen. Wir können

---

1) 964: Imperator natale Domini Romae agente, Bernharius capitur. — Eodem anno Berenharius, rex Langobardorum, obsessus est in monte scti Leonis ibique captus est.
2) 1003. incendium Papiae 1004. incendium Papiae.

nur annehmen, dass er hier gerüchte wiedergibt, wie sie in Norditalien circulieren mochten; die beabsichtigte ermordung des kaisers durch den erzbischof hat wenig wahrscheinlichkeit für sich. Grösseres vertrauen kann man zu der nachricht haben, dass Aribo sich mit Otto von Burgund verband, die ann. von Hildesheim kennen diese verbindung auch; nur die fassung, in der sie bei den ann. Altah. erzählt wird, ist wenig glaublich; es scheint eine art sicilianischer vesper beabsichtigt zu sein [1]), von der wir sonst nichts wissen.

Für die Ungarkriege haben wir nicht so eingehende andere quellen, die uns zur controle der nachrichten unserer annalen dienen könnten. Aber die kurzen berichte, die Hermann von Reichenau und Lambert von ihnen geben, zeigen uns, wie der verf. hier in allen hauptpunkten glauben verdient. Natürlich nicht in allen einzelheiten; es ist bereits erwähnt worden, wie vielfach poetische elemente sich in die erzählung gemischt haben, die eben nicht für streng historisch gelten können.

Den kampf Gottfrieds von Lothringen können wir mit den erzählungen anderer schriftsteller vergleichen (Herm. v. Reich. Lambert). Hieraus ergibt sich, dass der verf. nicht gerade unrichtiges erzählt, wohl aber, dass seine darstellung keineswegs ein vollständiges bild dieser ereignisse gibt. Sehr wichtige momente in diesen kämpfen fehlen gänzlich, so die unterwerfung Gottfrieds im jahre 1045 und seine abführung nach dem Gibichenstein, wie sie aus andern quellen (Lamb. Herm. v. Reichenau) feststeht, ebenso der tod seines bruders Gozzilo im jahre 1046. Durchaus ungenügend zeigt sich der verf. über den feldzug von 1047 unterrichtet; nach seiner darstellung hat sich der kaiser vornehmlich gegen Gottfried gewandt, während wir aus andern berichten wissen, dass die unternehmung gegen Dietrich von Holland und Balduin von Flandern gerichtet war. Die verwüstung Verduns, die bei andern autoren dieser zeit so viel aufsehn machte (cf. die ausführliche darstellung bei Lamb.), wird von ihm gar nicht

---

[1]) in die natali scti Martini dominum imperatorem esse cum exercitu interficiendum.

erwähnt, ebensowenig die folgenden kämpfe mit dem vom könig eingesetzten herzog Albert. (Herm. v. R. 1047, 1048, 1049.) Der verf gibt im allgemeinen die massregeln des kaisers und seine züge gegen Gottfried richtiger an, als die thätigkeit des herzogs. Das hängt ohne zweifel damit zusammen, dass die verbindung Altaichs mit dem königlichen hof es dem autor möglich machte, über die schritte des kaisers verhältnissmässig genau unterrichtet zu sein. — Dasselbe gilt von der darstellung des schismas zwischen Alexander und Honorius. Auch hier zeigt sich der verf. nicht frei von chronologischen irrthümern, ja übergeht selbst wichtige ereignisse ganz mit stillschweigen (cf. den anhang zu Giesebrechts fragmenten: die kirchenspaltung nach dem tode Nicolaus I.). Da aber der verf. hier die besten mündlichen quellen hatte, zum theil wohl selbst augenzeuge dieser dinge war, so haben wir keinen grund, seine glaubwürdigkeit hier in zweifel zu ziehn; denn bei aller entschiedenheit, mit der er Alexanders partei nimmt, zeigt er doch keine leidenschaft in verurtheilung des gegners, sondern berichtet in durchaus ruhigem tone.

Nicht ganz so günstig für den verf. werden wir über seine glaubwürdigkeit in betreff der über Otto von Nordheim berichteten thatsachen denken. Die erbitterung des verf. gegen diesen fürsten erklärt sich nicht genügend aus der feindlichen stellung, die Otto dem könig gegenüber einnahm. Allerdings wird diese zu ihr beigetragen haben, denn die urtheile, die am königlichen hofe über Otto gefällt wurden und die gerüchte, die dort über ihn circulierten, waren in Altaich wohl bekannt. Aber wir haben bereits gesehn, dass der verf. kein blinder parteigänger war, besonders nicht des königs Heinrichs IV., welcher auf dessen seite nur licht, auf seiten seiner gegner nur schatten erblickt hätte. Die quelle des hasses und der verdächtigung Ottos von Nordheim ist vielmehr im kloster Altaich zu suchen, und wirkte dann zurück auf die auffassung des verhältnisses zum könig. Der verf. gibt dies deutlich an den bemerkungen zu erkennen, die er den thaten Ottos beifügt, und unter den unbestimmten gewährsmännern dieser meinungen sind wohl mönche aus Altaich zu verstehn.

Dieser hass war entstanden. durch verleihung der abtei an den herzog, die den früheren rechten derselben widersprach; von einer besonders harten und gewaltthätigen behandlung Altaichs durch den herzog erfahren wir übrigens nichts, im gegentheil gestattete der herzog im jahre 1069 den mönchen die freie wahl eines abtes. Dazu kam noch, dass den Baiern überhaupt ein herzog aus einem fremden stamme nicht sehr erwünscht sein mochte, da sie mit grosser hartnäckigkeit an ihren besondern gewohnheiten festhielten. Auch scheint der herzog auf die innern angelegenheiten Baierns keinen sonderlichen einfluss ausgeübt zu haben.

Dürfen wir deshalb den nachrichten des Altaichers auch nicht unbedingt glauben, so sind sie doch nicht als blosse erfindung anzusehen. Es ist hier eine ähnliche auffassung wie sie sich im jahre 1037 zeigt. So politische ereignisse von einem überwiegend persönlichen standpunkte aus zu betrachten, dazu führte den verf. wohl der mündliche charakter seiner quellen, die oft in mehr anecdotenhafter form richtiges und unrichtiges vermischten. Dies zeigt sich deutlich bei den einzelnen anschuldigungen Ottos. Dass alle umstände, die der verf. im jahre 1069, wo er von dem mordversuch auf den könig spricht, über den aufenthalt des königs bei Otto erzählt, bloss erfunden seien, ist nicht wahrscheinlich; wir haben keinen grund, den verf. an irgend einer stelle absichtlicher unwahrheit zu zeihen. Der aufenthalt des königs bei Otto widerspricht keiner uns anderweitig bekannten thatsache. Auch das können wir wohl festhalten, dass ein streit zwischen dem gefolge des königs und den leuten des herzogs ausbrach. Hiervon mochte der verf. durch ein gerücht kunde erhalten haben, dies liegt wohl in dem ut dicunt. Dergleichen gerüchte werden leicht übertrieben, und als Egino im folgenden jahre mit seiner beschuldigung auftrat, mochte man im kloster, wo man die wahrheit dieser beschuldigung gern glaubte, auf den gedanken kommen, dass die passendste gelegenheit dazu bei dem aufenthalt Heinrichs bei Otto gewesen wäre. Dass kein anderer autor die genaue angabe dieser anklage bringt, ist doch wohl ein zeichen, dass Egino nicht selbst die mittheilung des im vorigen jahre angeblich beschlossenen überfalls machte. Auch steigert sich der verf. selbst in seinen behauptungen; was ihm zuerst ein blosses gerücht war, wird schliesslich zur festen thatsache. —

Der bericht über die theilnahme Ottos an der verschwörung Dedis und Adalberts ist doch unwahrscheinlich. Die 12 fürsten werden sonst nirgends genannt; es scheint damit nur eine unbestimmte zahl gemeint zu sein, ebenso wie bei der verschwörung Aribos von Mailand gegen Conrad II. von 12 bischöfen die rede ist, wo alle anderen quellen nur von 3 wissen. Aus Lambert erfahren wir die motive der empörung genau, dieser weiss weder von 12 fürsten etwas, noch von einer betheiligung Ottos; die thüringischen verhältnisse aber waren diesem autor viel besser bekannt, als dem Altaicher mönch, der eigentlich gar nichts von ihnen weiss [1]).

Ausser diesen positiven ausführungen gegen Otto tritt des verf. feindselige gesinnung fast noch mehr hervor in dem, was er verschweigt. Die bedeutung des herzogs im rathe des königs und vor allem im kriege ist bei ihm nicht ersichtlich, obwohl sie ihm bekannt sein musste. So ist es z. b. unglaublich, dass er die theilnahme Ottos an dem zuge gegen Ungarn im jahre 1063 nicht gekannt hätte: dennoch gedenkt er ihrer mit keinem worte. Ebenso auffallend ist es, dass er die betheiligung Ottos an dem concil von Mantua und seine sendung nach Italien im jahre 1066 verschweigt. Der grund hiervon ist nicht schwer zu errathen. Bei allen diesen ereignissen stand Otto noch auf seiten des königs, oder, was für den verf. ebensoviel werth hat, auf seiten der bischöfe, und es war durchaus keine möglichkeit, hier sein thun verdächtigen zu können. Doch aber ist seine antipathie gegen den herzog so gross, dass er nichts erwähnen will, was ihm zur ehre dienen könnte.

Fassen wir diese einzelnen züge zu einem gesammtbilde zusammen, so erkennen wir, dass der verf. sich in seiner auffassung geschichtlicher begebenheiten und personen nicht frei von persönlichen stimmungen zu halten weiss. Er gestattet

---

[1]) cf. über diesen aufstand und den bericht der Alt. ann. Mehmel, Otto v. Nordheim, (Gött. Dissert. 1870) p. 46 ff.

in solchen fällen den gerüchten grossen einfluss auf sein urtheil, ist aber zugleich so gerecht, diese auch als solche anzuerkennen und nicht für unumstössliche wahrheit auszugeben. Wo aber sein innerstes gefühl nicht unmittelbar erregt ist, erscheint er als ein unparteiischer mann, der mit sorgfalt nur das berichtet, was ihm seine quellen überlieferten, ohne die thatsachen im dienste einer partei zu entstellen. Freilich fehlt es ihm seinen quellen gegenüber an critik, er gibt sich nicht die mühe, unwahrscheinlichkeiten zu prüfen und zu berichtigen, auch wo er es gekonnt hätte. Aber absichtliche entstellung der wahrheit liegt ihm fern. Dürfen wir daher seine nachrichten auch nicht ohne prüfung als reine historische wahrheit betrachten, so können wir sie doch den besten gleichzeitigen autoren zur seite stellen, und müssen einem manne dankbar sein, der uns soviel schätzenswerthes material zur erkenntniss einer der inhaltreichsten periode unserer geschichte gegeben hat.

Wenn ich hiermit nun diese arbeit schliesse, so kann ich mir nicht versagen, eine angenehme pflicht zu erfüllen, indem ich Herrn Professor Waitz meinen dank für die theilnahme ausspreche, mit welcher er diese untersuchung begleitet und durch seinen rath gefördert hat.